城市轨道交通职业教育系列教材——城市轨道交通运营管理

城市轨道交通
票务管理（第2版）（智媒体版）

主　编 ○ 林　洁　王夏秋　罗艺斌
副主编 ○ 张　宝　刘智勇
主　审 ○ 裴廷福

西南交通大学出版社
·成都·

图书在版编目（CIP）数据

城市轨道交通票务管理：智媒体版/林洁，王夏秋，罗艺斌主编. —2版. —成都：西南交通大学出版社，2020.7

城市轨道交通职业教育系列教材. 城市轨道交通运营管理

ISBN 978-7-5643-7517-1

Ⅰ.①城⋯ Ⅱ.①林⋯ ②王⋯ ③罗⋯ Ⅲ.①城市铁路—旅客运输—售票—管理—高等职业教育—教材 Ⅳ.①U293.22

中国版本图书馆 CIP 数据核字（2020）第 135627 号

城市轨道交通职业教育系列教材——城市轨道交通运营管理

Chengshi Guidao Jiaotong PiaoWu Guanli
城市轨道交通票务管理
第 2 版（智媒体版）
主编 林 洁 王夏秋 罗艺斌

责 任 编 辑	周 杨
封 面 设 计	何东琳设计工作室
出 版 发 行	西南交通大学出版社
	（四川省成都市金牛区二环路北一段 111 号
	西南交通大学创新大厦 21 楼）
发行部电话	028-87600564 028-87600533
邮 政 编 码	610031
网 址	http://www.xnjdcbs.com
印 刷	四川森林印务有限责任公司
成 品 尺 寸	185 mm × 260 mm
印 张	11.75
字 数	255 千
版 次	2020 年 7 月第 2 版
印 次	2020 年 7 月第 3 次
书 号	ISBN 978-7-5643-7517-1
定 价	38.00 元

课件咨询电话：028-81435775
图书如有印装质量问题 本社负责退换
版权所有 盗版必究 举报电话：028-87600562

前言 PREFACE

本书的编写主要是为了培养学生具有城市轨道交通运营管理专业所面向的主要就业岗位——售票员、客运值班员的职业技能，培养学生的职业道德和职业素养，并能够将票务管理基本理论、方法应用于车站票务运作与管理实践，为他们以后从事城市轨道交通车站票务运作与管理工作打下坚实的基础。

本书采用项目化教学模块进行设计，项目编排以城市轨道交通自动售检票系统基本架构和车站日常票务运作为主线，包括城市轨道交通票务管理认知、AFC系统认知、城市轨道交通车票、车站AFC终端设备操作与故障处理、车站计算机系统操作、车站票务作业管理共6个项目，每个项目均包含项目导入、知识目标、能力目标和建议学时，结合校内仿真实训环境和企业实习要求，合理设置与教学任务相匹配的课内实训任务和评价标准，便于任课教师更好地开展理论与实践教学，确保学生有效地掌握车站票务管理技能。

由于国内各地方轨道运营企业的票务规定存在一定的差异性，且作者水平有限，编写过程中会在某些方面存在思虑不周或不足之处，望广大读者批评指正，谢谢！

编 者

2020年5月

多媒体知识点目录

序号	资源名称	资源类型	页码
1	拓展阅读—票务清分系统	动画	P2
2	车票管理	动画	P3
3	车票使用流程	动画	P3
4	拓展阅读—北京车票发展史	动画	P11
5	拓展阅读—上海车票发展史	动画	P13
6	拓展阅读—广州车票发展史	动画	P15
7	AFC系统基本构架	动画	P21
8	AFC系统其他架构类型	动画	P24
9	AFC系统设备管理	动画	P27
10	非接触式IC卡结构	动画	P38
11	车票使用规定	动画	P57
12	自动售票机的外部结构	动画	P65
13	自动售票机的内部结构	动画	P66
14	自动售票机现金购票流程	动画	P74
15	自动售票机储值卡购票流程	动画	P74
16	半自动售票机外观介绍	动画	P87
17	半自动售票机基本操作	动画	P92
18	半自动售票机常见故障处理	动画	P99
19	自动检票机总体布局	动画	P102
20	自动检票机外观结构	动画	P102
21	自动检票机票箱安装	动画	P112
22	自动检票机票箱拆卸	动画	P112
23	自动检票机故障处理	动画	P114
24	自动查询机界面介绍	动画	P119
25	拓展阅读—SC输入错误类事件	动画	P133
26	车站票务岗位职责	动画	P144
27	日常票务作业流程	动画	P145
28	拓展阅读—票务差错	动画	P145
29	拓展阅读—主要票务违章行为	动画	P145
30	常见乘客事务处理	动画	P150
31	车站现金构成	动画	P157
32	车票管理流程	动画	P163
33	车站常见报表	动画	P166
34	票务台账填写	动画	P167

目录 CONTENT

项目 1　城市轨道交通票务管理认知

任务 1　城市轨道交通票务管理体系认知 …………………………002

任务 2　城市轨道交通票务系统的发展与现状 ……………004

任务 3　票务管理工作涉及的专业术语 ……………………016

实训 1　调研部分城市轨道交通运营企业票务系统

　　　　发展历程 …………………………………………018

思考与练习 ………………………………………………………018

项目 2　AFC 系统认知

任务 1　AFC 系统基本架构 ………………………………021

任务 2　AFC 系统其他架构类型 ……………………………024

任务 3　认识车站 AFC 终端设备 ……………………………027

实训 2　调研某城市轨道交通运营企业车站票务终端

　　　　设备配置情况 ……………………………………029

思考与练习 ………………………………………………………031

项目 3　城市轨道交通车票

任务 1　城市轨道交通车票发展过程 …………………………033

任务 2　城市轨道交通票种类 …………………………………048

任务 3　城市轨道交通票务政策 ………………………………055

实训 3　调研城市轨道交通运营企业车票种类及票务

　　　　政策规定 ……………………………………………061

思考与练习 ………………………………………………………061

项目 4　城市轨道交通票务管理认知

任务 1　自动售票机的认知、操作与故障处理 …………065

实训 4-1（1） 自动售票机内外部结构认知实训 … 072
实训 4-1（2） 自动售票机日常操作实训 … 081
实训 4-1（3） 自动售票机故障处理实训 … 086
任务 2　半自动售票机的认知、操作与故障处理 … 087
实训 4-2（1） 半自动售票机结构认知实训 … 090
实训 4-2（2） 半自动售票机日常操作实训 … 098
实训 4-2（3） 半自动售票机故障处理实训 … 101
任务 3　自动检票机的认知、操作与故障处理 … 102
实训 4-3（1） 自动检票机结构认知实训 … 110
实训 4-3（2） 自动检票机日常操作实训 … 112
实训 4-3（3） 自动检票机故障处理实训 … 116
任务 4　其他常用 AFC 终端设备认知与操作 … 117
思考与练习 … 119

项目 5　车站计算机系统操作

任务 1　车站 SC 系统操作 … 123
任务 2　车站票务管理系统操作 … 133
实训 5　车站 SC 系统与票务管理系统操作实训 … 138
思考与练习 … 140

项目 6　车站票务作业管理

任务 1　车站票务岗位职责 … 144
任务 2　日常票务作业流程 … 145
任务 3　现金管理 … 157
实训 6-1　车站现金加封实训 … 162
任务 4　车票管理 … 163
实训 6-2　车站与车票配送组交接作业实训 … 165
任务 5　票务台账管理 … 166
任务 6　车站票务备品、票务钥匙与发票管理 … 167
实训 6-3　客运值班员为售票员开窗配票及办理
　　　　　结账实训 … 171
实训 6-4　客运值班员核算当日运营收入 … 172
实训 6-5　车站一日票务运作实训 … 173
思考与练习 … 176

参考文献 … 179

项目 1　城市轨道交通票务管理认知

【项目导入】

城市化进程的高速发展导致城市人口高度集中,而城市人口的急剧增长给社会活动带来了极大挑战,首先突出的就是城市交通问题。城市轨道交通作为公益性交通基础设施,具有安全、准确、舒适、快捷等其他交通工具无法比拟的特性,可有效地缓解城市交通压力,满足日益增长的客流运输要求。

与传统的交通工具不同,城市轨道交通自动化程度较高,也是最有效率的城市轨道交通工具。面对客运量越来越大的城市轨道交通系统,采用传统的纸质车票和人工检票方式已远远不能满足客运要求,利用先进的城市轨道交通自动售检票系统(Automatic Fare Collection System)来减少城市轨道交通系统工作人员的劳动强度,便捷获取城市轨道交通系统的客流信息与收益情况的第一手资料,已成为城市轨道交通的发展趋势。

本项目主要讲述城市轨道交通票务系统的业务管理内容及与自动售检票系统的关系、国内外城市轨道交通票务系统的发展与现状、票务管理工作涉及的专业术语。

【知识目标】

1. 了解城市轨道交通票务系统发展与现状。
2. 了解城市轨道交通票务系统的业务管理内容。
3. 掌握城市轨道交通票务系统与自动售检票系统之间的关系。
4. 掌握城市轨道交通票务管理工作涉及的专业术语及定义。

【能力目标】

1. 对城市轨道交通票务系统的发展历史有清楚的认知。
2. 对城市轨道交通票务系统与自动售检票系统的关系有正确的认识。

【建议学时】

4学时。

任务 1
城市轨道交通票务管理体系认知

一、票务管理系统

在城市轨道交通运营管理中，票务管理是对车票流向、票款收入和自动售检票系统的运行情况进行总的监视、控制、协调、指挥和调度的过程。票务管理工作的好坏直接影响城市轨道交通公司的运营效益，因此必须重视票务组织管理工作，将其定位为运营组织管理的核心之一。

票务管理工作需借助安全、可靠和完备的自动售检票系统（Automatic Fare Collection System，以下简称 AFC 系统）完成，主要的业务内容包括规则管理、车票管理、收益管理、票务设备设施管理等。

（一）规则管理

为保证票务系统能够在多部门和多环节高效运行，管理者必须制定一套科学、严密的规则流程，包含票价政策、清分规则等。

1. 票价政策

票价政策主要是城市轨道交通运营企业对计价方式、乘车时限、乘车限制、乘车优惠等方面的规定。票价政策的制定应坚持把城市轨道交通作为城市公益性公共交通基础设施的原则，与其他公共交通系统统一协调，制定相互适应的票价政策。

票价的制定关键在于制定基础票价表。在保证城市轨道交通运营企业可持续发展的前提下，需兼顾国家、企业、乘客三方利益，且在政府相关部门的监管下，完成基础票价表的制定。同时，还应规定乘客乘车关于乘车时限、限制和优惠等方面的基本规则。

2. 清分规则

在运营体系多元化的条件下，为实现城市轨道交通多线路之间的无障碍换成，实现车票发行、联网收费、票务清算、AFC 系统的统一管理，必须成立清分结算管理中心（以下简称 ACC）。因此，清分结算体系是城市轨道交通线网多元化运营的产物，包括城市一卡通和城市轨道交通清分结算系统。

拓展阅读——票务清分系统

（二）车票管理

城市轨道交通车票主要用于记载乘客的出行和费用信息，是乘车的有效凭证。车票管理是对车票采购、编码（初始化）、调配、清洗、注销、存储、监测等全过程进行的有效管理。具体内容为：

（1）车票采购管理。统计线路级车票库存量，并根据全线车票使用情况制定车票采购计划，对新票进行验收入库。

（2）车票初始化。对各类车票进行初始化、编码工作。

（3）车票库存管理。对各类车票进行出入库管理。

（4）车票调配管理。根据车站的车票需求情况及时调配车票。

（5）车票使用管理。对车站各类车票使用情况进行汇总、监控和管理工作。

（三）收益管理

收益管理是对城市轨道交通自动售检票系统内的票务收入进行汇缴、清算、入账等过程的管理，包括账户设置、票款汇缴、登账稽核、收益清算、资金划拨和对凭证进行有效管理等。

（四）票务设备设施管理

票务设备设施管理是对 AFC 系统和设备进行的日常运营维护维修、技术提升、硬件改造和软件升级等工作。车站票务设备设施管理工作主要是对设备进行监测管理和简易的故障处理，确保车站票务工作的正常进行。

二、自动售检票系统

自动售检票系统是基于计算机、通信、网络、自动控制等技术，实现城市轨道交通售票、检票、计费、收费、统计、清分、管理等全过程的自动化系统。AFC 系统的使用在减少票务管理人员的同时，还提高了城市轨道交通系统的运行效率和效益。此外，AFC 系统还使乘车收费更趋合理，减少现金流通，减少人工售检票过程中带来的各种弊端，避免售检票的烦琐，方便乘客出行，增强客流分析预测的能力，合理调配车辆，提高了城市轨道交通运营企业的经营管理水平。

三、票务管理系统与 AFC 系统之间的关系

城市轨道交通票务系统是 AFC 系统的必要环境和基础；而 AFC 系统是城市轨道交通票务系统的实现手段之一，能有效地提高城市轨道交通票务系统的管理水平和效益。城市轨道交通票务系统和 AFC 系统的关系主要表现在客流、票制、统计与结算、车票处理等方面。

1. 客流

AFC 系统可根据交易信息形成客流信息，为票务管理决策提供辅助支持。

2. 票制

AFC 系统根据票务政策的计费原则和计费方法进行售票、检票和统计。对单一票制、计程票制和混合票制，应结合不同的票制原则以及相应的优惠措施制定执行方案。

3. 统计与结算

票务系统中客流与营收数据是依据 AFC 系统中的交易数据形成的。AFC 系统可对客流量、票务收入及单程票的使用进行统计和分析，并编制相应的报表。

4. 车票处理

票务系统中车票的使用是通过 AFC 终端设备实现的。车票处理包括对单程票、储值票和其他票种进行退换、补票、更新的处理。

任务 2

城市轨道交通票务系统的发展与现状

一、城市轨道交通票务系统的发展历程

城市轨道交通票务管理体系的演变大致可分为以下三个阶段：

第一阶段：城市轨道交通运营初期。采用人工售检票方式，车票媒介包括纸质车票和单一车票。

第二阶段：AFC 系统初创阶段。采用计程、计时票制，车票媒介包括磁卡和 IC 卡。

第三阶段：AFC 系统网络化阶段。采用计程、计时票价制，可实行付费区内直接换乘和多元收益方的精细清分，车票媒介采用非接触式 IC 卡。系统能实现"一票通"换乘，并兼容公共交通卡、手机钱包，与其他公共交通系统能实现"一卡通"结算。

随着 AFC 系统技术的发展，当前新建的城市轨道交通线路不再经历上述第一、第二阶段，直接进入第三阶段。以 AFC 系统为例，介绍国内外城市轨道交通票务系统的发展与现状。

二、国外城市轨道交通票务系统发展与现状

1. 巴黎地铁

巴黎地铁是法国巴黎的地下轨道交通系统，于 1900 年起运行至今，现由巴黎大众

运输公司（RATP）负责营运。目前巴黎地铁总长度 215 km，截至 2010 年，年客流量达 15.06 亿，居世界第 13 位，有 14 条主线和 2 条支线，合计 380 个车站、87 个交会站。从 20 世纪初到 50 年代，巴黎地铁建设取得长足的发展，基本形成了今天的格局；50 年代至 70 年代，是巴黎地铁最辉煌、最值得夸耀的时期，法国领先于世界的磁卡技术在地铁得到运用，1967 年世界上第一套 AFC 系统在法国巴黎地铁成功安装使用，1973 年自动检票机投入使用（图 1-1），1975 年地铁磁卡月票问世。

图 1-1 早期的自动检票设备

巴黎地铁早先曾有过一等车厢和二等车厢之分。1991 年以后，车厢不再有等级之分。巴黎地铁主要使用纸质车票和磁卡车票，车票的种类包括单票、本票、天票、周票、月票、年票、青年票、观光票、联票等。乘坐巴黎地铁和法兰西岛其他公共交通工具的长者、多口之家家庭成员和一些特殊人群等可以享受打折优惠或免费乘坐。乘客可使用手动售票机或触屏售票机进行自助购票（图 1-2）。2019 年 3 月 8 日起，中国游客可通过微信支付购买巴黎地铁交通电子票，并在地铁站的人工售票窗口兑换车票。

图 1-2 巴黎地铁售票机

2. 伦敦地铁

伦敦地铁是世界上最古老的地下铁道，于1856年开始修建，1863年1月10日正式投入运营，共有13条线路，里程总长度为440 km，日均客流量约200万人次，年客流量大约8.5亿人次。

伦敦地铁采用分段收费。车票种类按地区不同，可分为一个区价、两个区价、三个区价、……六个区价；按时间不同，可分为一次使用票、一日使用票、周末使用票、一周使用票、一个月使用票及年票；按年龄不同，可分为大人票和儿童（5~15岁）票，5岁以下搭乘地铁、公交车免费；另外还有个人票、家庭票、团体票及一日旅游卡、周末二日旅游卡、家庭旅游卡、团体旅游卡、一周旅游卡等。

现在大部分人都会使用Oyster卡（图1-3），可用于地铁站和大部分公共汽车。若不在伦敦常住，也不经常坐地铁，可以选择直接用银行卡上的contactless payment（非接触式支付，图1-4），用contactless坐地铁既方便又实惠，采用一天/一周统计一次的方式计费，若几天只坐了一次单程地铁，则只收单程地铁的票价；若一天乘坐地铁的总票价已超过一天travel card的价格，则只收一天travel card的价格，而不是所有行程的总价。此外，若使用的是苹果手机，开通苹果支付功能即可使用Apple Pay功能"刷"进地铁（图1-5）。

图1-3　Oyster卡

图1-4　银行卡contactless支付

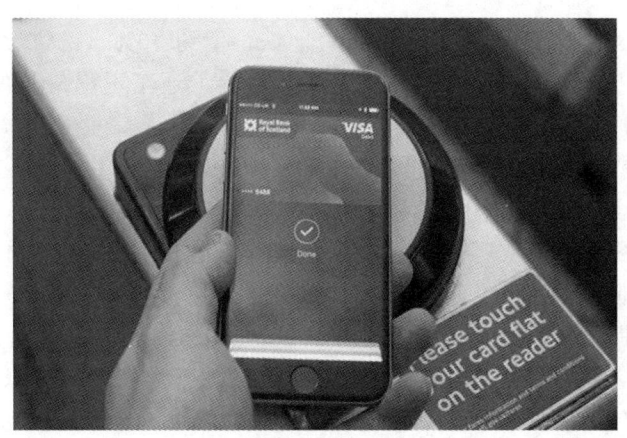

图 1-5 Apple Pay 功能支付

3. 莫斯科地铁

莫斯科地铁被公认为世界上最漂亮的地铁，按运营路线长度排序为全球第五大地铁系统，按年客流量排序为全球第四繁忙暨亚洲以外第一繁忙的地铁系统，共有 14 条运营线路（不包括莫斯科单轨和中央环线），运营里程为 383 km，日均客运量 699.2 万人次。

1996 年，莫斯科地铁全面安装自动售检票系统。1997 年，自动售检票系统开始使用第一代磁卡车票。莫斯科地铁实行的是一票制，换乘线路不另补票，只在入口处检票。莫斯科地铁车票多种多样，按照可乘坐次数不同，分为单次票、双次票、5 次票、11 次票、20 次票、40 次票、60 次票（20 次票样张如图 1-6 所示）；按照有效时间不同，分为日票、月票、季票、年票。莫斯科地铁价格制定时注意照顾弱势群体，学生和老人可以享受相当程度的价格优惠。

 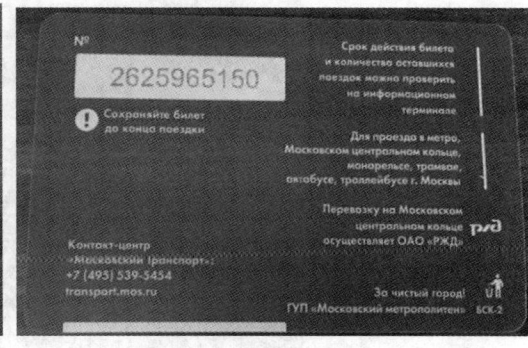

（a）正面　　　　　　　　　　　　（b）背面

图 1-6 莫斯科地铁 20 次票样张

4. 纽约地铁

纽约地铁是全球历史最悠久的公共地下铁路系统之一，也是国际地铁联盟（CoMET）的成员，由纽约大都会运输署营运。纽约地铁共有 472 座车站，商业营运路线长度为 394 km（245 英里）。虽其名为地铁，但约 40%的路轨形式为地面或高架。纽约地铁是世界上著名的十大地铁之一，也是世界上通车里程最长的城市轨道交通系统之一。

  1994 年，纽约市捷运局推出新票证系统 Metro Card（图 1-8）来取代代币（图 1-7），而代币于 2003 年退出历史舞台。2019 年 6 月起，纽约地铁推出新一代无接触式地铁卡 OMNY Card（图 1-9），乘客只需手持使用电子钱包的智能设备、信用卡或充值卡在闸机前轻拍一下即可过闸。目前 OMNY Card 只支持次票，使用于 OMNY Card 的充值卡和信用卡需要是有感应功能的非接触卡（contactless card）。纽约地铁预计在 2020 年秋冬季会将 OMNY Card 推广到所有地铁站，在那时乘客还可以购买用于 OMNY Card 的月票以及有优惠价的学生票。现有的地铁磁卡预计会在 2023 年全面停止使用。

图 1-7 代币

图 1-8 Metro Card

图 1-9 OMNY Card

纽约地铁的车票有多种，有 7 天卡、30 天卡、30 天快速巴士加地铁卡、一日通票。65 岁以上者可以享受半价车票。纽约地铁是世界上唯一 24 小时不间断运营的地铁。一百多年来，为了缓解严重的财政赤字，纽约地铁不得不多次调价。1997 年新增 2 小时内转乘免费的优惠，2003 年运输署将基本车资调涨至 2 美元，此举引发诸多抗议。2005 年，月票价格调涨，基本车资不变。自 2008 年以来已经 4 次调价，单程票价已涨至 2.75 美元。在保持现有单程票价不变的情况下，2019 年，纽约地铁将地铁周票从 32 美元上升到 33 美元，上升幅度高达 3.1%，月票也将提价 5 个百分点，从现在的每月 121 美元提升到每月 127 美元。

5. 东京地铁

东京地铁目前由东京地下铁与都营地铁两家公司共同营运，总共 13 条线路，线路总长 312.6 km，其日平均客流量为 1100 万人次，是世界上客流量最大的地铁系统，东京也是亚洲最早拥有地铁的城市。

由于地铁运营系统经营状况良好，除 2014 年因消费税率调整被动涨价外，东京地铁过去 20 年保持票价不变。东京地铁的车票种类不少，主要有普通车票（分大人票、儿童票）、回数券（分普通回数券，回避高峰时段回数券，周末、节假日优惠回数券，后两种只限大人乘车）、一日通票、机场通票、交通卡（PASMO 交通卡和 Suica 交通卡）等，如图 1-10 所示，所有票种都可灵活适用和换乘。

（a）普通车票

（b）回数券

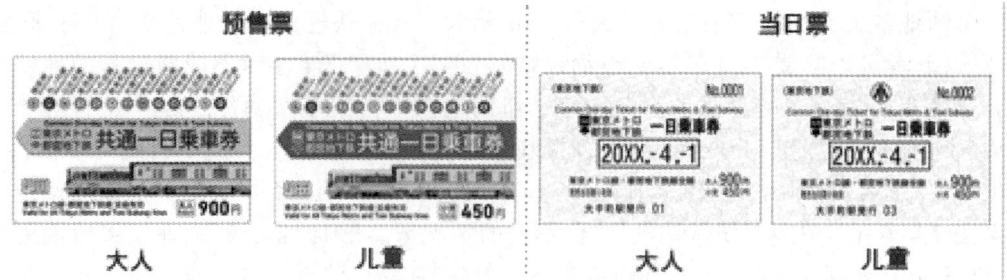

（c）一日通票

（d）交通卡

图1-10 东京地铁车票样张

东京地铁的售票服务非常便捷。每个车站都有一排自动售票机，可以临时买票，也可以买月票。每个车站地铁线路图上都标有票价。若车票超程，车站在出站口都有"精算机"，把票或IC卡投入机器，机器显示屏显示差额，把差的钱投入清算机，机器会自动把票面乘车区间延长或吐出清算券,凭此券或延长的车票均可顺利出站。进出站采用双向闸机检票,多名乘客可以一次性将多张车票投入闸机检票,最多可同时识别9张车票,且车票正在向智能化方向发展。自动售检票机可识别纸质和硬质车票,并可自助进行退票操作,不收手续费。车站设有较宽敞的残疾人通道和大件行李通道,自动售检票机上设置有盲文引导系统。

三、国内城市轨道交通票务系统发展与现状

1. 北京地铁

北京地铁第一条线路于1971年1月15日正式开通运营,使北京成为中国第一个开通地铁的城市,截至2018年12月,共有22条线路,运营里程为637 km,北京地铁线路图如图1-11所示。

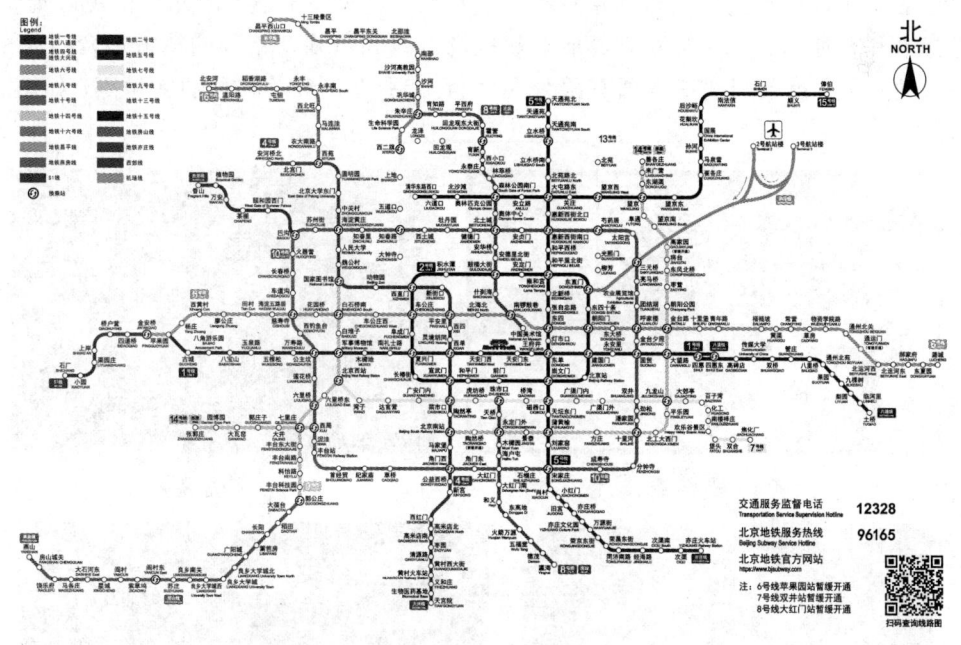

图1-11 北京地铁线路图

北京地铁早在1985年就开始进行自动售检票系统的可行性研究,但应用较晚,一开始采用的是纸质车票、人工检票的方式。2003年12月31日,北京第一套单线自动售检票系统在地铁13号线投入使用,这是一套基于磁票的AFC系统,集成商为日本信号公司,单程票为一次性卡式磁票。

拓展阅读一
北京车票发展史

2008年6月9日,北京地铁启用线网自动售票系统,人工售出的纸质车票停用,取而代之的是非接触式IC卡车票。乘客只需在地铁出入口的自动检票机上刷一下车票或是"一卡通"即可完成进出站。

2014年12月28日,北京地铁正式结束了多年来的单一票制,取而代之实行计程

计时票制。北京地铁（不包括机场线）调整具体为：6 km（含）以内 3 元；6～12 km（含）4 元；12～22 km（含）5 元；22～32 km（含）6 元；32 km 以上部分，每增加 1 元可乘坐 20 km，最高票价不封顶。

2017 年 12 月 23 日起，北京轨道交通全路网实现线上购票、车站取票，即乘客通过北京轨道交通单程票互联网票务服务平台 App 进行线上购票，可在全路网各车站 FAM（网络取票机）上进行取票、进站乘车。2018 年 4 月 29 日起，北京市轨道交通全网（不含西郊线）实现刷二维码乘车。2019 年 1 月 20 日起试行推出电子定期票，为乘客地铁出行增添新选择。电子定期票包括一日票、两日票、三日票、五日票及七日票五种，适用于除机场线外的北京轨道交通全路网所有线路。2019 年 8 月 10 日起，北京地铁 55 座车站率先试点非现金支付服务，乘客可在人工售票处、自动售票机、网络取票机上实现微信、支付宝扫码支付，2019 年 8 月 31 日起，实现全路网开通非现金支付服务。

北京地铁现有车票种类包括单程票、福利票、民政一卡通（由北京市民政局发行，分优待卡和普通卡，优待卡可免费乘坐除机场专线和市郊铁路外的轨道运营线路）、市政一卡通（北京市政交通一卡通有限公司发行）、手机一卡通和移动支付等，如图 1-12 所示。

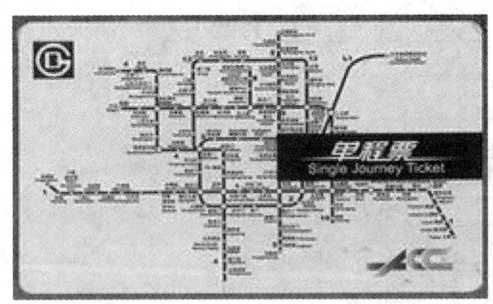
（a）单程票

（b）纪念票

（c）民政优待卡

（d）市政一卡通

图 1-12　北京地铁车票样张

2. 上海地铁

上海地铁第一条线路——上海轨道交通 1 号线于 1993 年 5 月 28 日正式运营，是继北京地铁、天津地铁建成通车后中国大陆投入运营的第三个城市轨道交通系统。上海轨道交通由上海申通地铁集团有限公司负责运营,截至 2018 年 12 月,上海轨道交通共开通线路 16 条,运营线路总长 705 km,上海地铁线路图如图 1-13 所示。

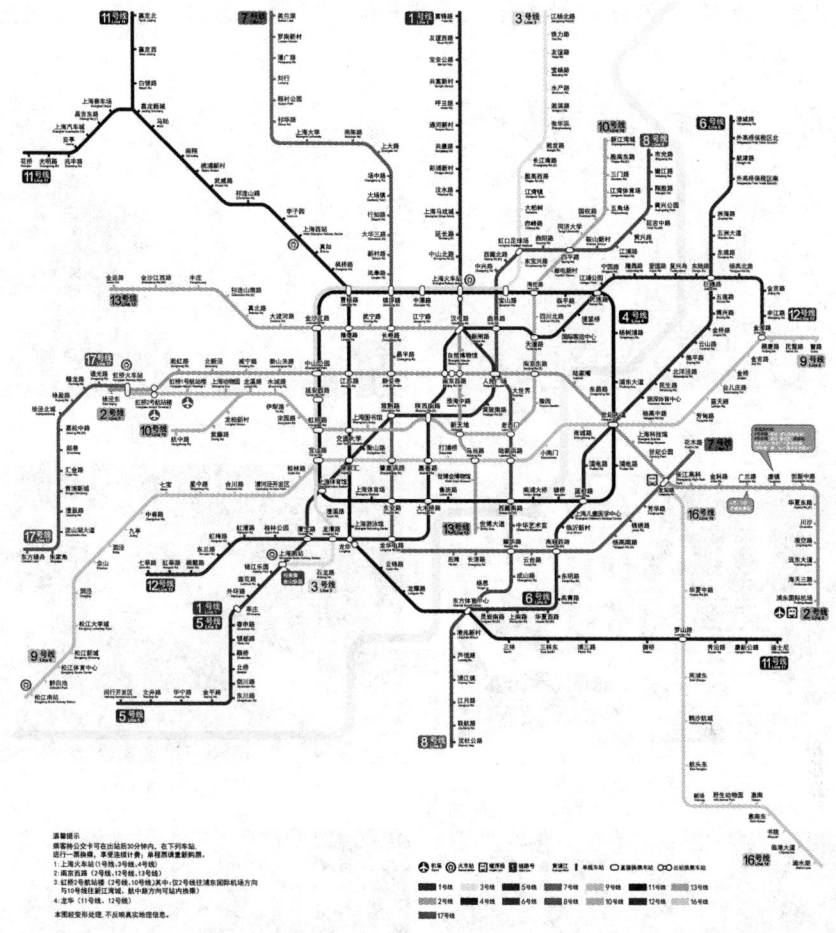

图 1-13 上海地铁线路图

  1998 年 9 月,上海地铁引进美国 CUBIC 公司生产的 AFC 系统在 1 号线安装调试,并于 1999 年 3 月 1 日正式开通运营,这是国内第一套投入商业运营的 AFC 系统。2000 年,上海地铁 2 号线投入运营,同步将 1 号线 AFC 系统扩展到 2 号线,该 AFC 系统在体现出高效便捷的优点的同时,由于完全依靠进口的种种弊端也随之显现出来:造价昂贵,系统运营、维护和升级成本高等。因此,2001 年 10 月,在基于"主要设备引进、逐步实施国产化"原则,确定国产化比例不低于 30% 的要求下,上海地铁 3 号线启用西班牙 INDRA 公司的 AFC 系统,使用一次性卡型纸质磁票。2002 年,上海地铁 1 号线北延伸段 11 个站开通,采用的是上海生产的 AFC 系统,车票采用与原地铁 1 号线兼容的塑制磁卡票。2005 年 12 月上海建立了新标准的 AFC 网络化系统。

拓展阅读一
上海车票发展史

上海地铁（除上海地铁 5 号线外）实行按里程计价多级票价：起步 6 km 以内 3 元；6 km 以后每 10 km 增加 1 元。仅乘坐上海地铁 5 号线的实行优惠 1 元的多级票价体系。车票种类繁多，主要包括单程票、一日票、三日票、纪念票、上海公共交通卡、上海磁浮地铁一票通、Metro 大都会二维码支付、保险交通卡、手机卡、电子虚拟票等，如图 1-14 所示。

（a）单程票

（b）一日票

（c）三日票

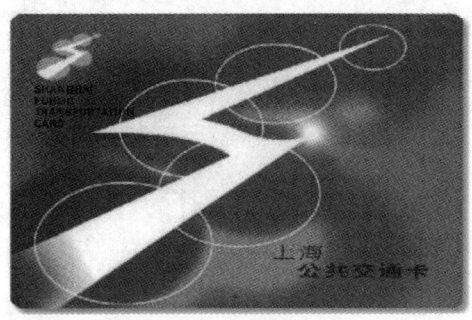
（d）公共交通卡

（e）地铁磁浮单程联票

（f）地铁磁浮双程联票

图 1-14　上海地铁车票样张

3. 广州地铁

广州地铁第一条线路 1 号线于 1997 年 6 月 28 日正式开通运营，使广州成为中国大陆地区第四个、广东省首个开通地铁的城市。截至 2018 年 12 月 28 日，广州地铁运营线路共 14 条，运营里程 478 km，广州地铁线路图如图 1-15 所示。

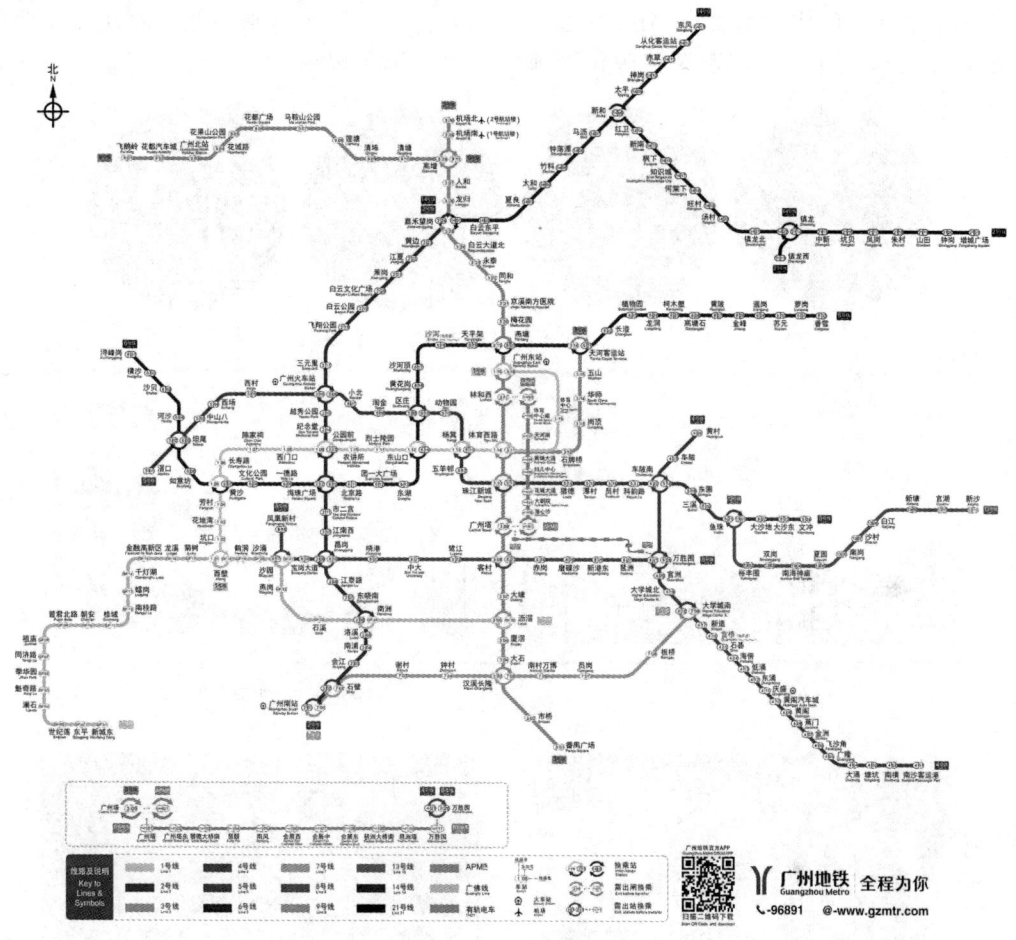

图 1-15 广州地铁线路图

广州地铁 1 号线采用美国 CUBIC 公司的磁卡 AFC 系统,于 1999 年初全线投入使用。为适应换乘和清分的要求,对系统进行了改造。2003 年起,2 号线全部采用非接触式 IC 卡 AFC 系统。

1997 年 6 月 28 日开始,广州地铁 1 号线西朗—黄沙区间试运营,当时只是观光试运营,全程票价统一为 6 元。广州地铁形成网络化运营后(除广州地铁 APM 线外)实行"实行里程计价、递远递减"的计程票价:起步 4 km 以内 2 元;4~12 km 内每递增 4 km 加 1 元;12~24 km 内每递增 6 km 加 1 元;24 km 以后每递增 8 km 加 1 元。而 APM 线实行票价 2 元的单一票制。

拓展阅读一
广州车票发展史

广州地铁的基本车票种类包括单程票、一日票、三日票、储值票、羊城通、岭南通、纪念票、学生票、老年票等,如图 1-16 所示。2016 年 12 月 28 日,广州地铁全线网免费 Wifi 正式上线试用,广州地铁全网开通受理金融 IC 卡和移动支付过闸服务。2017 年 11 月 16 日起,中国首个地铁乘车码——广州地铁乘车码正式上线试运营。2018

年 2 月 12 日，广州地铁官方 App 开通 "先享后付" 二维码过闸功能。由此，车票种类增加了银联信用卡、银联手机闪付、地铁云卡、乘车码等。

（a）单程票

（b）一日票

（c）三日票

（d）羊城通　　　　　　　　　　（e）学生票

图 1-16　广州地铁车票样张

任务 3

票务管理工作涉及的专业术语

不同城市轨道交通票务系统专业术语略有区别，但主要的专业术语基本相同。常见的专业术语如下：

1. 票务系统及终端设备术语

（1）AFC：自动售检票（Automatic Fare Collection）。

（2）ACC：清分结算管理中心（AFC Clearing Center）。

（3）LCC：线路中心计算机（Line Center Computer）。

（4）SC：车站计算机（Station Computer）。

（5）TVM：自动售票机（Ticket Vending Machine）。

（6）iTVM：云购票机（Internet Ticket Vending Machine）。

（7）CVM：自动充值机（Card Vending Machine）。

（8）BOM：半自动售票机（Booking Office Machine）。

（9）TCM：验票机（Ticket Checking Machine）。

（10）AGM：自动检票机（Automatic Gate Machine）。

2. 票卡相关术语

（1）TOKEN：地铁专用的非接触式 IC 卡单程票。

（2）编码票：经过编码分拣机编码且未赋值的车票。

（3）赋值单程票（预制票）：经过编码分拣机或 BOM 预先赋值的单程票。

（4）闸机回收票：被闸机正常回收的单程票。

（5）TVM 废票：车站 TVM 发售不成功并掉入废票回收盒的车票。

（6）BOM 废票：车站 BOM 发售后分析显示不正常的单程票。

（7）云购票机废票：车站云购票机发售不成功并掉入废票回收盒的车票。

（8）过期票：超过规定的使用有效期的车票。

（9）故障票：无法正常通过闸机，且无法通过 BOM 处理的车票。

（10）无效车票：经 BOM 检验无法更新且系统无法读取数据的车票。

（11）非标准币：主要指机币、假币、残币、外币、停止流通使用的人民币等。

3. 乘客票务事务术语

（1）付费区：车站内半自动售票机与护栏合围形成的封闭区域。

（2）非付费区：付费区以外的区域。

（3）超时：车票从进闸到出闸超过城市轨道交通运营企业规定的乘车时限。

（4）超程：乘客实际乘坐的里程超过购买车票时预定的里程。

（5）出闸站线网最高单程票价：出闸站与地铁线网中可到达出闸站的最远出发站之间的单程票票价。

（6）全程最高票价：全线网最高的单程票票价。

（7）票种最低票价：乘客所使用车票种类的起步价。

实训1　调研部分城市轨道交通运营企业票务系统发展历程

1. 实训目标

（1）了解城市轨道交通票务系统的发展历程。

（2）掌握城市轨道交通票卡种类。

（3）掌握城市轨道交通票制。

2. 实训内容

2~3人一组，选择感兴趣的几个城市，研究这几个城市轨道交通运营企业票务系统的建设情况与发展过程，包括首条开通线路号及开通时间、现有运营线路数、AFC系统发展过程、车票种类、票制、票务系统特色等方面。将小组调研结果制成PPT，在课堂上进行展示，教师根据小组展示情况进行综合评分。

3. 评分标准

序号	评分标准	分值	评分
1	团队分工合理，全员参与	25分	
2	展示内容翔实，条理清楚	25分	
3	展示过程表述清晰、流畅	25分	
4	内容完成情况完整	25分	
	总计	100分	

思考与练习

（一）选择题

1. 以下哪个选项是"自动售检票系统"的英文简称？（　　）

A. TVM　　　　B. TCM　　　　C. AFC　　　　D. PCA

2. BOM是指（　　）。

A. 自动售票机　B. 半自动售票机　C. 自动检票机　D. 自动充值机

3. 以下关于AFC系统的网络化阶段描述正确的是（　　）。

A. 采用计程、计时票价，可实现付费区内直接换乘和多元收益方的精细清分结算

B. 换乘需要重新购票

C. 采用人工售检票方式

D. 采用纸质车票、单一车票

4. （　　）就是对车票的发行、使用、更新等全过程进行的有效管理。

A. 车票管理　　　B. 规则管理　　　C. 收益管理　　　D. 票务设备实施管理

（二）填空题

1. 自动售检票系统是基于＿＿＿＿、＿＿＿＿、＿＿＿＿、＿＿＿＿等技术，实现城市轨道交通售票、检票、计费、收费、统计、清分、管理等全过程的自动化系统。

2. 城市轨道交通票务系统的业务管理内容包括＿＿＿＿、＿＿＿＿、＿＿＿＿、＿＿＿＿等方面。

3. AFC 系统与票务系统的关系主要表现在＿＿＿＿、＿＿＿＿、＿＿＿＿、＿＿＿＿等方面。

4. 经过 E/S 或 BOM 预先赋值的单程票称为＿＿＿＿。

（三）判断题

1. 一票通与一卡通的含义相同。　　　　　　　　　　　　　（　　）
2. 故障票是指无法通过 BOM 进行更新处理的车票。　　　　（　　）
3. 制定票价需要兼顾国家、企业、乘客三方的利益。　　　　（　　）

（四）名词解释

1. 票务管理
2. 付费区
3. 预制票
4. 超程
5. 超时

（五）简答题

1. 简述城市轨道交通票务系统与自动售检票系统之间的关系。
2. 简述非标准币的来源。

项目 2　AFC 系统认知

【项目导入】

AFC 系统作为城市轨道交通向公众提供服务的窗口，是城市轨道交通系统运营服务的核心子系统，它可以实现城市轨道交通售票、检票、计费、收费、统计、清分、管理等全过程的自动处理。面对日益增强的社会需求，AFC 系统在城市轨道交通建设和运营中受到高度重视。

AFC 系统的架构与城市轨道交通网络结构、售检票方式、清分需求和车票媒介密切相关，架构设置合理与否不仅影响 AFC 系统自身的发展，甚至会对城市轨道交通网络化高效运营顺利实现与否起到决定性作用。

本项目主要讲述 AFC 系统基本架构层级组成及其功能、AFC 系统气体架构类型及特点、车站 AFC 终端设备组成及配置与布局。

【知识目标】

1. 掌握城市轨道交通 AFC 系统基本架构层级组成及功能。
2. 了解城市轨道交通 AFC 系统其他架构类型及特点。
3. 掌握车站 AFC 终端设备组成。
4. 掌握影响车站 AFC 终端设备配置与布局的因素。

【能力目标】

1. 对城市轨道交通 AFC 系统基本架构层级组成及功能有清楚的认知。
2. 对车站 AFC 终端设备的配置与布局要求有一定的认识。

【建议学时】

6 学时。

任务 1

AFC 系统基本架构

我国城市轨道交通的建设经历了从单线建设阶段到多线建设阶段，再到网络化建设阶段的过程。与之相对应，票务系统管理层次也从单线建设的 2 级体系（线路中心→车站）提升到 3 级体系（清分中心→线路中心→车站），形成了三级五层架构形式，即标准的五层架构体系。

城市轨道交通 AFC 系统五层标准架构体系由清分结算管理中心（ACC）、线路中心（LC）、车站中心（SC）、AFC 车站终端设备和票卡组成，其架构体系如图 2-1 所示。

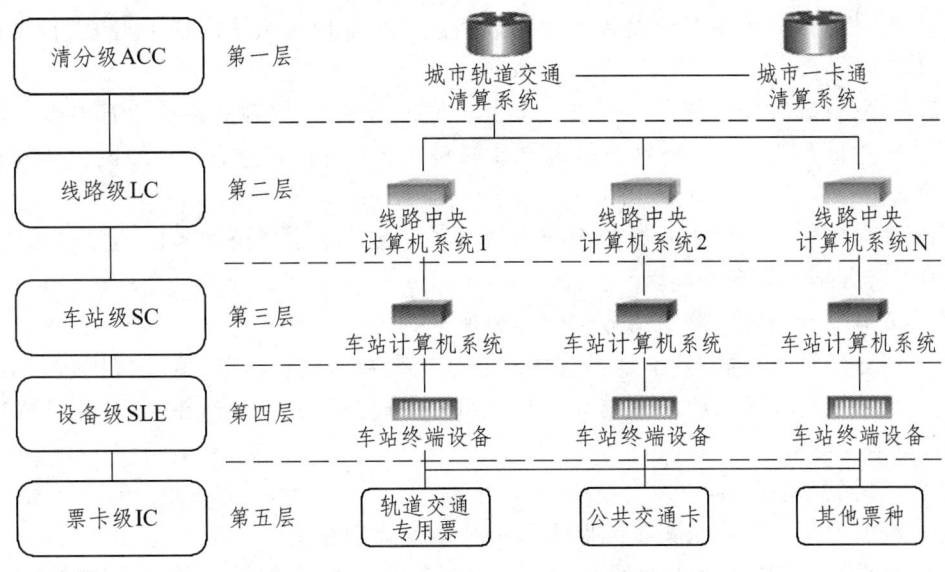

图 2-1　AFC 系统五层标准架构体系

1. 清分结算管理中心（ACC）

清分结算管理中心（ACC）是城市轨道交通线网 AFC 系统的最上层管理中心，负责城市轨道交通票卡发行、业务规程和票务规则制定、票务收入的汇总、清分、结算及线网 AFC 系统运行监督，全面协调不同线路间的日常运营。还负责对城市轨道交通线路之间、城市轨道交通与城市一卡通系统之间的清分结算，同时，对整个线网客流信息进行汇总、统计及分析。

ACC 的功能主要包括车票管理、日常运营管理、清分结算管理、数据管理、安全管理、系统管理等方面。

（1）车票管理功能。

① 车票类型定义。制定整个城市轨道交通 AFC 系统内使用的票种种类及使用规则。

② 车票初始化编码。初始化城市轨道交通专用车票。城市轨道交通专用车票在线网内投入使用前必须有车票编码/分拣机设备进行车票初始化。

③ 车票发行。根据运营需要完成车票的发行。

④ 车票分拣。可根据车票类型、日期等多种设置方式进行分拣。

⑤ 车票调配。管理车票库存，负责各线路车票的发放、回收和调拨。

（2）日常运营管理功能。

① 运行模式管理。定义各种运行模式（如正常运行模式、降级运行模式、紧急运行模式），并完成城市轨道交通线网运行模式的查询、控制和下发。

② 运营注册。完成下级线路、车站及设备的注册和认证管理，以实现相关管理。注册内容包括编号、配置信息、启用日期等。

③ 客流监测与分析。集中监测和统计系统内客流情况，并生成客流统计报告，实现客流分析和预测。

④ 设备监控。集中监控设备各项参数信息，可实现对系统内任一组/类/台设备下达控制命令。

⑤ 运营参数管理。制定、修改、下发、维护由 ACC 控制的系统运营参数。

⑥ 时钟同步管理。与标准时钟源同步时钟，下发时钟信息，实现线网内所有设备的时钟同步。

⑦ 黑名单管理。收集并维护系统内黑名单，接收一卡通公司生成的黑名单。

（3）清分结算管理功能。

① 清分规则制定。制定清分规则和分账规则。

② 清分结算。根据制定的清分规则对合法交易数据进行清分，并按规则进行分账。

③ 与城市一卡通系统对账结算。与城市一卡通公司就一卡通在 AFC 系统内的交易进行对账与结算。

（4）数据管理。

① 数据采集管理。采集各线路上传的所有交易数据。

② 交易认证管理。对交易数据的合法性、正确性进行验证，包括验证交易的 TAC 码、交易时间、交易费率计算等。

③ 交易数据稽核。对城市轨道交通专用票交易序号连续性、卡余额连续性及卡余额合法性进行稽核。

（5）安全管理。

① 密钥生成。生成轨道交通专用票的密钥。

② 密钥下载。将所生成的密钥下载到 SAM 卡（是一种能够提供必要的安全机制，以防止外界对终端所储存或处理的安全数据进行非法攻击的硬件加密模块）。

③ SAM 卡分发管理。管理 SAM 卡的发放、回收和销毁。

④ 充值 SAM 卡激活认证。具有充值功能的 ISAM 卡在使用前需要通过在线认证

的方式激活方可使用。

（6）系统管理功能。

① 系统权限管理。根据不同的用户职权赋予不同级别的功能及权限。

② 系统监察与维护管理。监察、核对、维护系统用户信息。

③ 数据备份与恢复管理。完成数据库的备份与恢复。

④ 系统日志管理。完成日志的收集、查询与分析。

2. 线路中心（LC）

线路中心（LC）是 AFC 系统承上启下的重要环节，负责采集本线路系统的 AFC 收费数据、设备状态数据、客流量数据等，将采集的本线路数据上传到 ACC，接收 ACC 下达的命令与参数，并将其下发至各车站系统。

LC 的功能主要包括日常运营管理、车票管理、收益管理、数据管理、系统管理等方面。

（1）车票管理功能。

① 车票库存管理。完成车票出入库、发售、回收等处理流程，实现对车票的动态库存管理。

② 车票使用管理。完成对车票整个使用过程的跟踪和控制。

（2）日常运营管理功能。

① 运行模式管理。和 ACC 对接，执行 ACC 下发的运行模式，完成线路内模式的管理与下发以及模式履历的跟踪。

② 运营注册。完成下级车站和设备的注册、参数设置以及用户权限的设置。

③ 监控管理。完成对下级系统和设备的监视与控制，包括设备运行状态监视、客流监视等。

④ 运营参数管理。完成线路内所有参数的维护、生成参数版本、下发参数、参数使用情况跟踪。

⑤ 时钟同步管理。和 ACC 时钟同步，下发 ACC 时钟信息到车站计算机系统。

⑥ 黑名单管理。接收 ACC 下发的黑名单，并管理本线路黑名单。

（3）收益管理。

① 收益统计。统计线路收益数据，如发售收益统计、运营收益共计、现金收益统计等。

② 收益核算。核算系统产生的收益相关数据。

③ 清算对账。根据清算对账规则完成与 ACC、银行等外部系统的清算对账。

④ 报表管理。根据不同要求将收集的数据生成有关报表，提供决策支持。

（4）数据管理功能。

① 数据采集。采集本线路内设备上传的交易数据。

② 数据处理。对数据的完整性、准确性、连续性等进行处理。

③ 数据安全。在传输数据过程中对数据进行加密和解密，采用先进算法和校验方

法对数据进行稽核，确保数据传送的安全性和完整性。

（5）系统管理。

① 用户管理。设置系统用户信息。

② 权限管理。完成对系统用户的权限分配。

③ 日志管理。完成日志的收集、查询和分析。

④ 软件管理。完成系统内各设备和各系统软件版本的统一管理与控制，并完成软件版本查询与跟踪。

⑤ 数据备份与恢复。完成数据库的备份与恢复。

3. 车站 SC 系统

车站计算机系统（SC）将一个车站的自动售票机、半自动售票机、进/出站检票机等 AFC 系统车站终端设备联系在一起，用于收集存储本站各种终端设备产生的交易和审计数据，为车站运营提供数据查询及终端设备状态监控，准确生成各种运营报表。同时，SC 接收 LC 的指令和参数，并下发到相应的设备，同时将采集到的设备交易、事件和审计数据上传到 LC。车站 SC 系统的功能主要包括以下几个方面：

（1）接收线路中央计算机系统下发的运行参数、运营模式及黑名单等，并下传给车站终端设备。

（2）自动完成与中央计算机及各终端设备的时钟同步。

（3）采集车站终端设备的原始交易数据和状态数据，并上传给线路中央计算机系统。

（4）对车站 AFC 终端设备进行实时监控。

（5）对车站 AFC 终端设备的操作控制，包括设备的关闭、开启及设置工作模式等。

（6）完成车站各种票务管理、业务统计，能进行车站报表打印。

任务 2

AFC 系统其他架构类型

随着乘客对城市轨道交通服务需求的改变和运营商运营管理复杂程度的增大，城市轨道交通对 AFC 系统的体系架构有了新的要求，由此衍生出了一些 AFC 系统变体，如北京地铁共用 AFC 系统线路中心设计、南京地铁 AFC 系统区域中心设计等。因此，各地在 AFC 系统五层标准架构的基础上，应根据自身交通地理条件、线网标准、线路设置、运营管理需求、政府政策等，对 AFC 系统进行灵活设置，选择适合本地发展的 AFC 系统架构体系。

一、设置多线路中心

随着轨道交通线网的不断扩大及运营经验的积累,许多城市轨道交通线路呈现多而复杂的特点;不少运营商意识到如果在每条线路均设置 LC,会造成资源的较大浪费。对于同一运营商所辖的线路,可以为这几条线路设置多线路中心(MLC),不再单独为每条线路设置线路中心,这几条线路的 AFC 数据直接上传至多线路中心。

设置多线路中心的优势在于可实现相同运营商所辖线路的资源共享,使线路间的信息在 ACC 层以下得到处理。基于各个运营商所辖多条线路构成的 MLC 可以看成是一个小清分中心,能够完成所辖线路内运营、票务、数据、清分、报表等管理,节约资源、提高效率,节约项目建设投资,提供系统的经济效益与安全性。

与此同时,ACC 面对的是不同的运营商,不再是面对具体的线路,可简化清分模型,减轻了清分负担,有效地缓解了 ACC 的工作压力。为确保 MLC 所辖各自线路数据、责任的独立性,需在 SC 层与 MLC 层之间为各线路设置 AFC 系统线路数据汇集节点。设置多线路中心的 AFC 系统架构如图 2-2 所示。

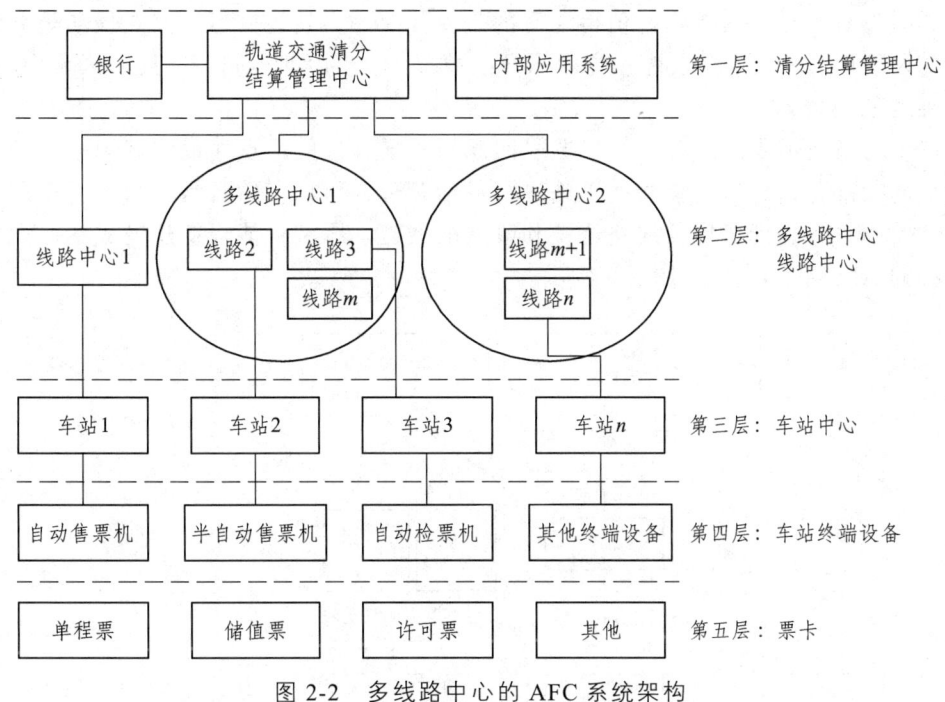

图 2-2 多线路中心的 AFC 系统架构

二、设置区域中心

区域中心(ZLC)是为面向城市轨道交通线网的区域化管理而提出的,旨在解决一定规模的线网内相关线路独立运营所带来的管理复杂、维修调配不便等问题,避免线网建设发展带来的线路升级改造对运营产生的影响,克服新老线路间接口不统一带来的麻烦。

区域中心通过统一并标准化车站与中心的接口,允许不同线路和车站根据区域管理需求进行接入,并预留一定的接入能力来满足未来线路建设、改造的需求。在区域中心建设完成后,新建线路一般不再设置线路中心。区域中心的接入分为两种情况:

一是线路层面的接入,属于同一运营商的线路接入共同的区域中心,区域中心对所属线路车站进行数据管理、报表统计及线路间的清分等。涉及数据层面的管理功能类似于 MLC。

二是车站层面的接入,对于车站,区域中心按照区域管理的需求,通过合理整合资源对就近接入的车站进行应用层面的灵活管理,如票务管理、日常运营管理、维修管理等,而车站产生的各类数据需传输至所属线路对应的区域中心的数据汇集节点,便于不同运营商间的清分、ACC 的对账及责任的追查。

区域中心的设置使得原先的运营管理模式向区域管理模式过渡,与之对应,原有的清分管理、运营管理、票务管理、收益管理、数据管理等的功能定义、数据格式、管理主体都需要做出相应变动,因此该演变模式还需要统一并标准化车站与中心的接口,同时设置数据汇集节点。值得注意的是,如果城市轨道交通线网在最初规划时没有考虑设置区域中心,在未统一技术标准的情况下,当后期不同线路接入区域中心时,调整难度就会较大。

在线网高速扩张的形势下,根据线网规划选择合理的地点建设区域中心,通过实现接口的标准化,对就近接入的车站进行灵活管理,可以节约日常运营管理费用、提高运营效率,并保证了后续线路建设和改造的便捷、顺利,能降低建设成本。设置区域中心的 AFC 系统架构如图 2-3 所示。

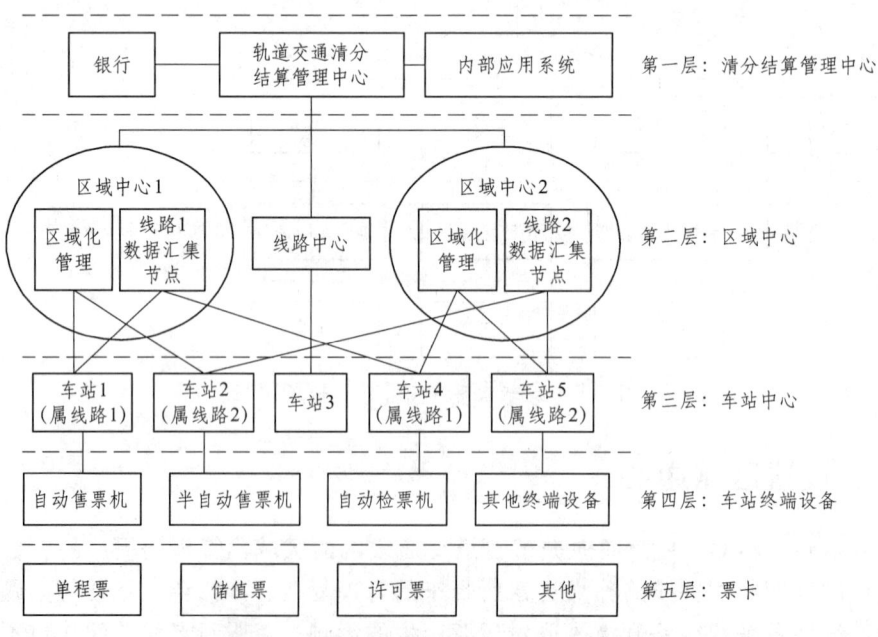

图 2-3　设置区域中心的 AFC 系统架构

三、合并线路中心和清分结算管理中心

一些城市由于规模所限,其人口增长和交通需求有限,在近期和远期的城市轨道交通规划中所规划的线路条数不多(一般少于 10 条),由于运营商单一、运营线路和车站较少,清分结算压力不大,所以本着经济、实用的原则,合并五层标准架构中的线路中心层和清分结算管理中心层,直接将所有车站接入清分中心,将原先线路中心的功能分配到清分中心和车站中心。合并后,清分中心除具备日常清分结算、票务管理等功能外,还需对所有车站进行管理和监控;车站中心则需要收集、处理、分析各类数据,并根据清算对账规则直接与清分中心进行对账。合并线路中心和清分结算管理中心的架构模式使系统得到精简,可在一定程度上提高系统运营效率,节约建设、维护资金,减少线路的接口界面。合并线路中心和清分结算管理中心的 AFC 系统架构如图 2-4 所示。

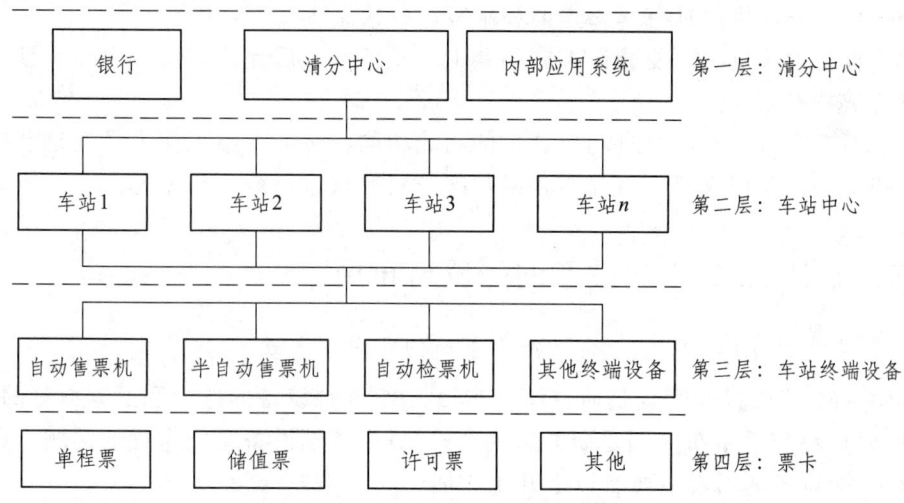

图 2-4 合并线路中心和清分结算管理中心的 AFC 系统架构

AFC 系统标准五层架构体系及上述几种演变形式具有较好的伸缩性,可根据各个城市轨道交通功能需求、运营状况及行政体系的不同做出相应的组合,满足不同城市轨道交通运营的特殊需求。

任务 3

认识车站 AFC 终端设备

一、车站 AFC 终端设备的功能

车站 AFC 终端设备层包括自动售票机、半自动售票机、云购票

AFC 系统设备管理

机、自动充值机、自动查询机、自动检票机、便携式检票机等，安装在城市轨道交通线路车站内，是进行车票发售、进站检票、出站检票、充值、验票分析等读写交易处理的终端设备。下面简单介绍这些设备的功能。

（1）自动售票机：能自助完成售票、充值工作，减少售票人员的工作量，缓解购票、充值排队拥挤压力，为乘客出行提供方便。

（2）半自动售票机：车站工作人员根据乘客的不同需求通过半自动售票机完成售票、补票、充值、车票更新、车票替换、退票、车票挂失、车票分析、车票处理等工作。

（3）云购票机：与自动售票机功能相同，只是采用扫码等移动支付方式完成票款支付，解决乘客因未带现金或现金不足而导致无法顺利出行的难题。

（4）自动充值机：能自助完成储值票余额查询、充值工作。

（5）自动查询机：具有车票查询和乘客服务信息查询等功能。

（6）自动检票机：主要验证乘客的票卡，验证通过后允许进站、出站，且在出站时自动完成扣费工作。

（7）便携式检票机：与自动检票机的功能相同，帮助车站工作人员在自动检票设备故障或能力不足以满足大客流需求的情况下对车票进行分析与处理。

二、车站 AFC 终端设备的配置与布局

1. 影响车站 AFC 终端设备配置与布局的因素

车站 AFC 终端设备配置是研究解决车站 AFC 终端设备的选型和配置数量的问题，而车站 AFC 终端设备布局则是研究解决车站 AFC 终端设备空间布置的问题。影响车站 AFC 终端设备的因素主要有以下几个方面：

（1）高峰小时进出站客流量。

高峰小时进出站客流量是决定车站 AFC 终端设备配置的主要因素，高峰小时进出站客流的流向则是决定车站 AFC 终端设备布局的基本依据。

根据客流量统计资料数据分析，车站客流的进出站高峰小时与断面客流高峰小时的出现时间通常不同，车站客流的进站高峰小时与出站高峰小时的时间通常也不同，工作日高峰小时进出站客流量通常大于双休日高峰小时进出站客流量，因此，一般采用工作日高峰小时进出站客流量作为计算车站 AFC 终端设备配置数量的依据。

（2）车站 AFC 终端设备使用能力。

车站 AFC 终端设备能力是指车站 AFC 终端设备在单位时间内（通常是 1 min）的出票张数或通过人数等。

车站 AFC 终端设备能力可以分为设计能力和使用能力。设计通过能力是理想状态下的设备能力，根据 AFC 系统文件提供的数据确定。比如自动检票机的设计

能力，主要取决于票卡读写时间、闸门开启时间和乘客通过闸门时间等。但在实践中，由于乘客特性、使用熟练程度、设备利用不均匀等因素，车站 AFC 系统终端设备的使用能力一般小于设计能力。因此在 AFC 系统设备配置数计算时，应考虑其使用能力。

（3）站台与站厅层设计布局。

站台与站厅层设计布局主要设计站台的类型、车站控制室的位置、升降设备的位置和车站出入口的布置等。站台与站厅层设计布局对付费区及自动检票机的设置影响较大，从而影响车站 AFC 终端设备的配置与布局。比如，岛式站台车站收费区的自动扶梯、步行楼梯设置在站厅的中央区域，客流量较大的车站在收费区两侧布置检票机，会增加检票机的数量。

2. 车站 AFC 终端设备布置应满足的要求

（1）正确设置售检票设备位置：售检票设备位置与出入口、楼梯应保持一定距离。

（2）合理布置付费区：售检票位置根据出入口数量相对集中布置，并满足客流流向的要求。

（3）设备应采用相对一致的外尺寸：每个付费区内至少设置 1 台半自动售票机，每个出入口的检票机数量不应少于 2 个通道。

实训 2　调研某城市轨道交通运营企业车站票务终端设备配置情况

1. 实训目标

（1）理解城市轨道交通车站票务终端设备配置情况。
（2）掌握影响城市轨道交通车站票务终端设备配置的因素。
（3）掌握城市轨道交通车站票务终端设备应满足的要求。

2. 实训内容

2 人一组，选择所在城市的轨道交通某车站，实地调研该车站站厅平面布局图等相关资料，了解该车站的票务终端设备配置情况，分析影响该车站不同方向的票务终端设备配置数量不同的因素，并与学校实训室的票务终端设备配置情况做对比，找出差异性，再将调研结果分别填写在表 2-1、表 2-2 中。

表 2-1　车站票务终端设备配置情况

企业名称：　　　　　　　　　线路号：　　　　　　　　站名：

序号	设备名称	配置数量	配置位置（站厅 A 端或 B 端几出口）及原因
1			
2			
3			
4			
5			
6			
7			
8			

表 2-2　学校实训系统票务终端设备配置情况

序号	设备名称	配置数量	与调研车站的差异性
1			
2			
3			
4			
5			
6			
7			
8			

说明：学校实训系统是_____架构，具体为_____。

3. 评分标准

序号	评分标准	分值	评分
1	团队分工合理，全员参与	25 分	
2	调研态度认真，按要求完成任务	25 分	
3	填写内容翔实，条理清楚	25 分	
4	实训报告填写完整、正确	25 分	
	总计	100 分	

思考与练习

（一）选择题

1. 以下哪些选项不属于车站计算机系统的功能？（　　）
   A. 完成与一卡通公司的清分结算
   B. 采集车站终端设备的原始交易数据和状态数据，并上传至线路中央计算机系统
   C. 对车站 AFC 终端设备进行实时监控
   D. 接收线路中央计算机系统的运行参数、运营模式及黑名单等，并下传至车站终端设备

2. 以下哪个地方不设置车站计算机系统设备？（　　）
   A. 车站 AFC 设备室　　B. AFC 票务室　　C. 客服中心　　D. 车控室

3. 以下哪个选项为车站 AFC 终端设备配置与布局的影响因素？（　　）
   A. 高峰小时进出站客流
   B. 车站 AFC 终端设备使用能力
   C. 站台与站厅层设计布局
   D. 以上都是

（二）判断题

1. 车票采购回来后即可配送到车站使用。（　　）
2. AFC 系统车票类型定义必须由 ACC 完成。（　　）

（三）简答题

1. 说明 AFC 五层标准架构体系层级组成及功能。
2. AFC 系统车站终端设备有哪些？分别有哪些功能？

项目 3 城市轨道交通车票

【项目导入】

城市轨道交通车票既是乘客乘坐城市轨道交通的有效凭证,也是记录乘客出行、费用等重要信息的载体,与客流、收益等信息的掌握密不可分,是整个票务管理运作的重要环节。

本项目主要学习城市轨道交通车票发展过程、车票种类及使用规定、城市轨道交通票务政策,充分阐述学习城市轨道交通车票的必要性。

【知识目标】

1. 了解城市轨道交通车票的发展过程。
2. 掌握票卡媒介的分类及特点。
3. 掌握城市轨道交通车票的种类及使用规定。
4. 掌握城市轨道交通票制的种类及特点。
5. 掌握城市轨道交通票务政策规定。

【能力目标】

1. 能够区分不同的票卡媒介。
2. 能够区分不同的车票种类。
3. 能够根据相关规定完成票价的制定。

【建议学时】

8学时。

任务 1

城市轨道交通车票发展过程

城市轨道交通车票不仅是乘车的凭证,还记录了乘客从购票开始到完成一次旅程所需要的费用、乘车时间和乘车区间等重要的乘车信息,因而被称为车票媒介。随着计算机、网络通信、电子、智能卡等技术的不断发展,车票媒介经历了从早期的不带条码的纸质车票,到含识别条码的车票、磁卡,再发展到智能 IC 卡,以及现在出现的移动支付、电子车票等的变迁史。不同票卡媒介记载信息的方式和数量是不同的,根据信息记载方式的不同,识别方式也有所不同。

一、纸质车票

纸质车票是事先在车票上印刷相关的车票信息,由人工方式或自动方式售票,通过视读或扫描仪确认票面信息。纸质车票分为普通纸票和条形码纸票两种。

(一)普通纸票

普通纸票是将车票的相关信息都直接印刷在票面上,由票务人员视读确认。票面上的基本信息包括:车票编号、出票站点、乘车日期、乘车车次、乘车区间、票款金额、时间限制及换乘等信息。这样既可以对购票人员有明示作用,又便于票务人员检查核对。

普通纸票一般由存根、主券、进站副券和出站副券组成。存根是地铁车站内部进行收益核算时使用的,当乘客购买普通纸票时,票务人员从车票存根处撕下后将其余部分交给乘客;进/出站副券是乘客在进/出站检票时提供给检票人员检查的;主券是留给乘客的,供乘客收藏或作为报销凭证使用。普通纸票样张如图 3-1 所示。

图 3-1　普通纸票样张

普通纸票一般在早期地铁时期使用，存在很多缺陷：

（1）通常需要大量工作人员进行售检票工作，因此工作效率低下。

（2）每张普通纸票相当于一张定额发票，只能使用一次，无法回收循环使用，容易造成资源浪费。

（3）所有信息印制在票面上，票面内容布置相对固定，因此，保密性不佳，容易被伪造，需要增加一些防伪措施，可在票面上印刷加密图形等安全信息，也容易给视读带来较大的困难，增加票务人员的检票难度。

虽然普通纸票存在很多不足，但目前部分城市轨道交通运营企业仍备有纸质车票，一般情况下不使用，只在特殊情况下使用。例如，南京地铁规定当车站自动售票机、半自动售票机全部故障或部分故障导致无法满足乘客正常进站需求，或车站出现有预见或临时性大客流时票务系统无法应付等特殊情况时使用应急纸票。

应急纸票分为普通应急纸票与通票两种，售卖当日内有效，可乘坐相应金额的车程，进站撕角，出站回收。

1. 普通应急纸票

普通应急纸票票面印有售卖车站名称与票价，只可在售卖车站售卖，如图 3-2 所示。

（a）正面　　　　　　　　　　（b）背面

图 3-2　普通应急纸票样张

2. 通票

通票票面印有票价，无售卖车站名称，可在全线各车站售卖，如图 3-3 所示。

（a）正面　　　　　　　　　　　　（b）背面

图 3-3　通票样张

（二）条形码纸票

条形码纸票是将车票的相关信息通过条形码编码储存，由条形码扫描仪完成信息识别，标识的信息只供读取不能改写，条形码纸票样张如图 3-4 所示。

图 3-4　北京地铁条形码纸票样张

条形码（barcode）也称为一维条码或一维码，是将宽度不等的多个黑条和空白按照一定的编码规则排列用以表达一组信息的图形标识符。常见的条形码是由反射率相差很大的黑条（简称条）和白条（简称空）排成的平行线图案。这些条和空组成的数据编码能够用特定的设备视读，并转换成计算机兼容的二进制数和十进制数。

二维码又称二维条码，是一种基于光学识读图像的编码技术，用某种特定的几何图形按一定规律在平面（二维方向上）分布的黑白相间的图形记录数据符号信息，不仅能储存数十位数字，还能储存图像、声音、指纹等信息，甚至可以加密，且运用方便，是目前全球应用最为广泛的信息技术之一。2009 年 12 月 10 日起，我国铁路旅客运输车票上的防伪条码由一维码防伪标记变成了二维码防伪标记，如图 3-5 所示。

条形码纸票具有信息存储量大、自动识别速度快、读码效率高、纠错能力强等特点，可有效提高检票系统的处理速度和识别性能，有利于车票的自动化检测。但条形码纸票的票面信息不能事后编辑，信息内容有限，不能交互信息，信息较容易泄密。

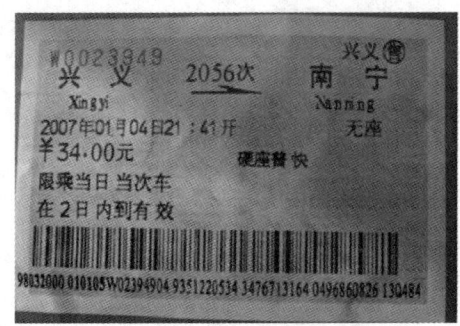 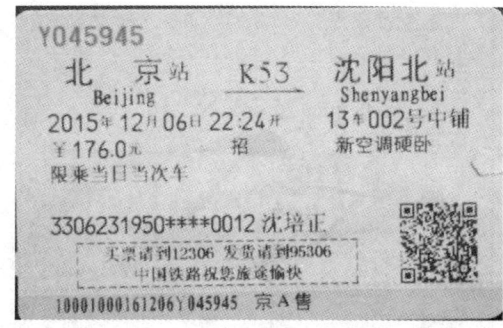

（a）一维码　　　　　　　　　　（b）二维码

图 3-5　我国火车票样张

二、磁卡车票

磁卡车票是一种利用磁性载体记录有关信息的卡片，由高强度、耐高温的塑料或纸质涂覆塑料制成。磁卡上的磁涂层（磁条）是一层较薄的材料，由定向排列的铁性氧化粒子组成，用树脂黏合剂严密地黏合在纸或塑料材质的非磁基片媒介上，形成纸质磁性票卡或塑制磁性票卡，如图 3-6 和图 3-7 所示。通常，磁卡车票正面印有说明提示性信息，如插入方向提示信息；背面则有磁涂层或磁条，具有 2~3 个磁道以记录有关信息数据。

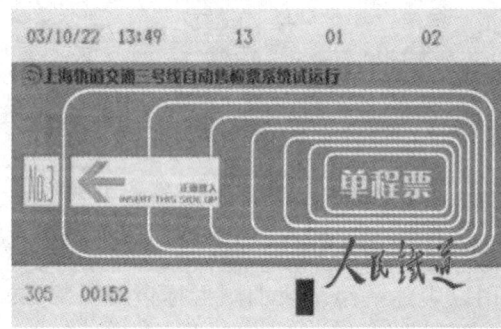

图 3-6　纸质磁卡车票

图 3-7　塑制磁卡车票

常见的磁条上有 3 个磁道，如图 3-8 所示。磁道 1 和磁道 2 是只读磁道，在使用时磁道上记录的信息只能读出而不允许写入或修改。磁道 3 是读写磁道，在使用时可以读出，也可以写入。

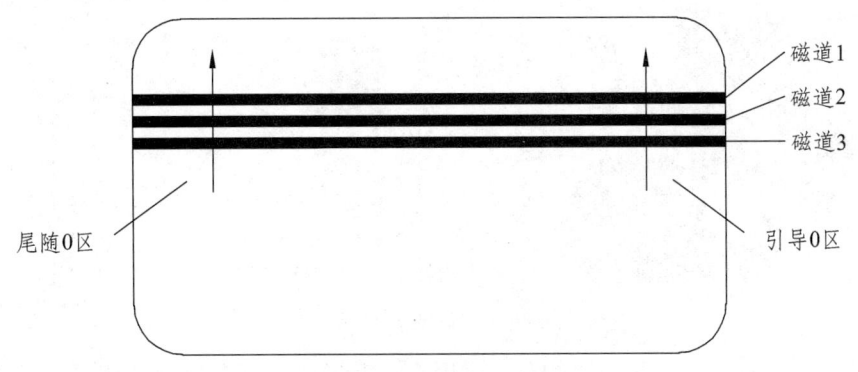

图 3-8　磁卡车票构成

磁道 1 ——可记录数字（0~9）、字母（A~Z）和其他一些符号（如括号、分隔符等），最多可记录 79 个数字或字母。

磁道 2、3 ——所记录的字符只能是数字（0~9）。磁道 2 最多可记录 40 个字符，磁道 3 最多可记录 107 个字符。

磁卡车票生产方便，可以循环使用，且携带方便，使用稳定可靠。但是对票卡进行消磁、除尘和清洗等处理过程烦琐、成本较高，而且对于售检票设备的精密度要求较高，磁条读写次数有限，容易受到外界磁场的干扰而改变存储内容，安全性能有待提高。

三、智能卡车票

智能卡车票是将车票的所有信息储存在票卡的集成电路中，用智能读写设备获取卡内相关信息，信息存储量大，且信息可以修改。

智能卡（Smart Card）又称为 IC 卡（Integrated Circuit card），是法国工程师罗兰德·莫瑞诺于 1974 年发明的。他将一个专用的集成电路芯片镶嵌于符合 ISO7816 标准的 PVC（或 ABS 等）塑料基片中，封装成外形与磁卡类似的卡片形式。作为一种新型传媒介质，这种具有智能性记忆又便于携带的卡片为现代信息处理和传递提供了一种新手段，已被广泛应用到各领域。

根据卡与外界数据交换界面的不同，智能卡可分为接触式智能卡、非接触式智能卡和双界面卡。双界面卡是将接触式 IC 卡与非接触式 IC 卡组合到一张卡片中，操作独立，但可以共用 CPU 和存储空间，这里不详细介绍。

（一）接触式智能卡

接触式智能卡是将智能卡的绝大部分电气部件进行封装，与外部连接线路做成外露触点,并按一定的规定排列,在进行读写时卡片必须插入读写器的卡座中,通过与读写设备的接触点接触后传输交换信息,如图3-9所示。

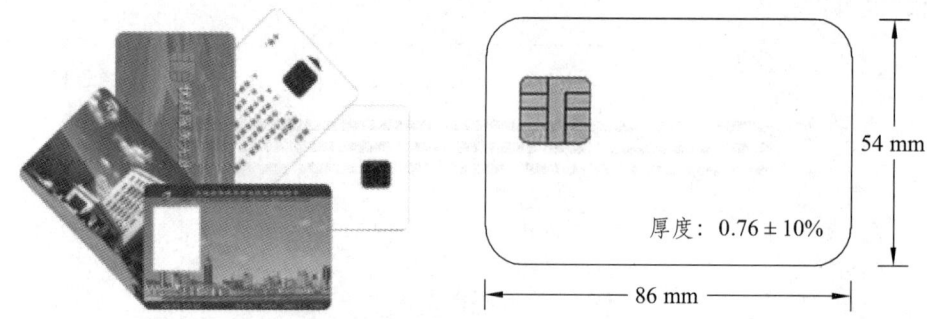

图3-9 接触式智能卡样本

接触式智能卡的外形与磁卡相似,区别在于两者的数据存储媒体不同。磁卡是通过卡上磁条变化进行存储信息,而接触式智能卡则是通过嵌入卡中的电擦除式可编程只读存储器计程电路芯片(EEPROM)来存储数据信息。因此,与磁卡相比较,接触式智能卡具有存储容量大、安全保密性好、数据处理能力强、抗磁性、抗静电等能力强等优点。

但在使用接触式智能卡的过程中,也发现了一些弊端,例如因卡在读写器上经常拔插容易磨损而导致接触不良,从而引起数据传输错误,且卡与读写器之间的磨损也大大缩短了卡和读写器的使用寿命;卡片触点上产生的静电可能会破坏卡中的数据;由于集成电路芯片有一面在卡片表面裸露,容易造成芯片脱落、静电击穿、弯曲损坏等;接触卡通信速率较低,加上插拔卡的动作延误,需要较长时间方可完成一笔交易,严重影响其在需要快读相应场合的应用等问题。

(二)非接触式智能卡

非接触式IC卡结构

非接触式智能卡是将相关电路封装在智能卡内,采用射频技术,通过收发天线与读写设备进行信息交换。由于与读写设备不需直接接触,故称为非接触式智能卡。非接触式智能卡由集成电路、天线和封装材料构成,如图3-10所示,主要用于公交、地铁、轮渡等自动收费系统,也应用于门禁管理、身份证和电子钱包等方面。

非接触式智能卡成功地将射频识别技术和IC卡技术结合起来,结束了无源(卡中无电源)和免接触这一难题,是电子器件领域的一大突破,存在着磁卡和接触式智能卡不可比拟的优势,具体表现在以下几个方面:

(1)可靠性高。非接触式IC卡与读写器之间无机械接触,避免了由于接触读写而产生的各种故障,

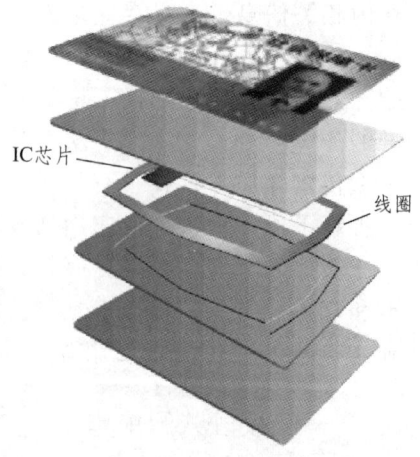

图3-10 非接触式智能卡构成

如由于粗暴插卡、非卡外物插入、灰尘或油污导致接触不良造成的故障。此外，非接触式卡表面无裸露芯片，无须担心芯片脱落、静电击穿、弯曲损坏等问题，既便于卡片印刷，又提高了卡片的使用可靠性。

（2）操作方便。由于不需要与读写设备直接接触，故读写器在 10 cm 范围内皆可对卡片进行操作，不必插拔卡，非常方便用户使用；且读写时无方向性要求，大大提高了使用速度。

（3）防冲突能力强。非接触式卡中有快速防冲突机制，能防止卡片之间出现数据干扰，因此，读写器可以同时处理多张非接触式IC卡，提高了应用的并行性，无形中提高了系统工作速度。

（4）加密性能好。非接触式 IC 卡由 IC 芯片和感应天线组成，并完全密封在一个标准 PVC 卡片中，无外露部分。非接触式 IC 卡的读写通常由非接触型 IC 卡与读写器之间通过无线电波来完成。由非接触式 IC 卡所形成的读写系统，无论是硬件结构还是操作过程都得到了很大的简化，同时借助于先进的管理软件及可脱机的操作方式，都使数据读写过程更为简单。

非接触式智能卡按需要可封装成方卡型、筹码型（TOKEN）或异形卡等其他形状卡。

1. 方卡型 IC 票卡

方卡型 IC 票卡的外形与磁卡比较相似，标准卡为国际统一尺寸（为 85.5 mm × 54 mm × 0.76 mm）称为"厚卡"，通常作为城市轨道交通储值票的选型，如图 3-11 所示；还有一种是介于 ISO7810 与 ISO7816 之间的，其厚度约为 0.5mm，称为"薄卡"，通常作为城市轨道交通单程票的选型，如图 3-12 所示，目前北京、上海、重庆、大连、青岛等国内地铁都选用这种卡型作为单程票卡型。

方卡型 IC 票卡与读写器天线之间的工作距离较筹码型 IC 票卡长，通常要求其最大读写距离不小于 6.5 cm；使用薄卡的自动售票机的车票处理模块结构简单，车票处理速度较快；方卡型 IC 票卡的表面可以印刷商业广告，可以增加运营收入，进而降低运营成本；另外，方卡型车票容易携带，比较符合一般乘客的使用习惯。但方卡型车票出站回收时需要依靠专门的传输装置，终端设备的结构与维护较为复杂；且薄卡单程票容易折弯或变形，甚至断裂，循环使用时容易造成卡票损坏进而导致设备故障。

（a）正面　　　　　　　　　　（b）背面

图 3-11　南京地铁储值票（厚卡）

（a）正面　　　　　　　　　　　　　（b）背面

图 3-12　上海地铁单程票（薄卡）

2. 筹码型 IC 票卡

筹码型 IC 卡是在直径为 30mm、厚度为 2mm 的非金属材料圆盘内嵌装集成电路芯片及天线，通过电感耦合的方式与筹码读写器进行操作的 IC 卡，简称筹码（TOKEN）。筹码型 IC 卡通常作为城市轨道交通单程票的选型，在广州、南京、深圳、武汉、天津和南宁等国内地铁使用，如图 3-13 所示。

（a）广州地铁　　　　　　　　　　　（b）南京地铁

图 3-13　部分地铁单程票（筹码型 TOKEN）

筹码型 IC 卡采用 PC/ABC 塑料材料封装成一枚 1 元硬币大小。这种卡型坚固且不易变形，可长期重复使用，降低了每次使用的成本；可使用于采用同种芯片的方形卡读写器进行读写，降低 AFC 系统的复杂度；在出站使用自动检票机回收时，采用自由落体的入票方式，票卡在票箱内无须堆叠，对自动检票机的车票处理结构要求较为简单，维护工作量小。但由于这种形式的车票外观小巧，在出票时容易出现卡票现象，且容易丢失，车票在运营初期的大量流失会给企业带来一定的经济损失，也给车站运营管理带来一些问题。

3. 异形 IC 票卡

个性化时代，世界各国出现了不少形形色色的"怪异"卡，此类卡被称为异形卡。异形卡并不是指某种类型的卡，简单而言，形状上非规则的都可以成为异形卡，如三角形、椭圆形等几何图形和动物形状、娃娃形状等，如图 3-14 所示。

图 3-14 异形卡举例

这种卡片虽然形状特殊,样式能够充分体现个性化的要求,且携带方便,但受到卡面面积和形状的制约,导致卡片内的天线形状和大小受到限制,且外部封装工艺不同,因此卡片制作工艺难度增加,感应距离比标准卡片较远。

车票卡型的选择需要结合当地城市居民的使用习惯、企业的运营成本、既有线路的实际情况等多个方面综合考虑。

四、电子车票

随着"移动互联网+"的发展,"不带钱包出门,只用一部手机搞定"的支付方式成为当下越来越多人的生活常态。为顺应移动支付的潮流,电子车票应运而生。电子车票是以手机(或手环等穿戴设备)为载体,将虚拟的地铁车票下载到手机(或手环等穿戴设备)中,乘客刷手机(或手环等穿戴设备)进出闸机,因此也可称为电子虚拟票。根据移动支付方式的不同,电子车票可分为 NFC 电子车票、二维码电子车票和银联闪付、蓝牙过闸等其他电子车票。

1. NFC 电子车票

NFC(Near Field Communication,近场通信)是一种短距高频的无线电技术,由非接触式射频识别(RFID)及互联互通技术整合演变而来,在单一芯片上结合感应式读卡器、感应式卡片和点对点的功能,能在短距离内与兼容设备进行识别和数据交换。其工作频率为 13.56 MHz,但是使用这种手机支付方案的用户必须更换特制的手机。NFC 电子车票无须连接互联网,也无须借助任何的 App 平台,只需要 NFC 设备轻轻碰触,即可实现支付的目的。

早在 2015 年 6 月,成都公交与中国移动、中国电信合作,推出了基于 NFC-SIM 卡模式的电子车票功能,让成都成为全国首个公交车可用手机"刷票"的城市,如图 3-15 所示。

图 3-15　NFC 电子车票

目前广州地铁推出了 NFC 电子车票——"地铁云卡",要求乘客使用具备 NFC 功能的安卓 4.4.2 以上的手机,安装广州地铁官方 app,成功注册并激活云卡后,可在 APM 线以外的其他线路直接刷手机搭乘地铁,如图 3-16 所示。

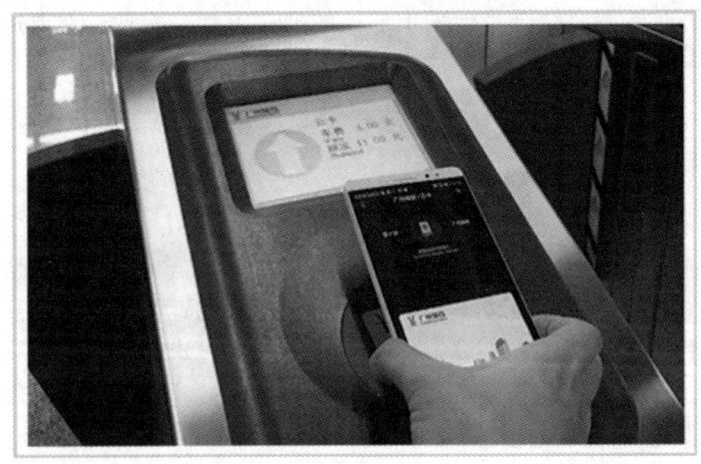

图 3-16　广州地铁"地铁云卡"

2. 二维码电子车票

随着智能手机的普及以及微信、支付宝的广泛应用,二维码扫码支付已经成为人们生活当中必不可少的支付方式。目前在我国北京、上海、广州、深圳、杭州、南宁等城市,轨道交通已经实现了手机二维码过闸进出站的功能。通过在轨道交通自动售检票系统中引入二维码电子票,乘客仅需将二维码电子图片放在专用的闸机读码设备上,就可以完成进站支付过程。不仅提升了乘客进站的效率,节约了排队购票的时间,而且减少了能源消耗,具有绿色环保的效果。

根据用户在使用车票产品时付费与刷码的先后顺序不同,二维码电子车票分为两种产品形态:

（1）"先付后乘"：用户需预先完成在线支付操作，操作成功后，由清分后台系统提供统一的车票数据，用户持此数据二维码刷码过闸，如广州地铁微信公众号购买APM车票就属于这种产品形态，如图3-17所示。

图3-17　使用广州地铁微信公众号购买的APM车票

（2）"先乘后付"：用户乘车前预先申请实名开通此功能，绑定支付账户。后续每次乘车前，可直接打开乘车码使用，一次里程结束后，由清分后台系统根据进出站交易记录情况发起准实时支付。目前绝大多数地铁公司的二维码电子车票采用的是这种产品形态。

二维码电子车票获取渠道有多种，乘客可以根据所在城市的地铁公司可支持的应用程序和自身的使用习惯，选择微信、微信小程序、支付宝、银联或地铁公司App等渠道获取。例如广州地铁、南京地铁、杭州地铁等多家地铁均与支付宝合作，在支付宝App开通了该地铁乘车码，签订支付宝扣费协议即可领取二维码电子车票，如图3-18所示。

（a）广州地铁乘车码

（b）南京地铁电子卡

（c）杭州地铁乘车码

图 3-18　二维码电子车票

3. 其他电子车票

除了上述两种常见的电子车票外，还有银联闪付、蓝牙过闸等其他形式的电子车票。

（1）银联闪付：闪付（Quick Pass）区别于流程较复杂、交易速度慢的普通借记卡银联消费。乘客需要使用带有 Quick Pass 标识（如图 3-19 所示）的银行卡，在进行支付过程中，持卡人无须进行密码输入，无须进行签名和联网，就可以实现直接支付，极大地提高了支付的便捷性和灵活性。乘客使用银联闪付过闸时使用方式如图 3-20 所示。随着科学技术的进一步发展，银联移动又推出更贴近移动支付的"云闪付"功能，借助于 NFC、HCE 以及二维码技术，可以在手机、平板电脑等终端设备上轻松实现银联卡的线上线下支付功能。例如广州地铁推出的"银联手机闪付"，主要适用于运行 IOS11 的 iPhone SE 或 iPhone 6 以上更新的机型或运行 watchOS 4 的 Apple Watch，成功绑定已开通小额免密服务的银联信用卡后，即可使用 Apple Pay 搭乘地铁，使用方式如图 3-21 所示。

图 3-19 银联闪付标识

（a）正确刷卡方式　　　　　　　　（b）错误刷卡方式

图 3-20 "银联闪付"过闸使用方式

iphone过闸步骤

① 将iphone上半部分靠近有专用闸机读卡区　② 将手指放在Toutch ID上验证指纹　③ 听到"嘀"声后打开即可通过

Apple Watch过闸步骤

① 进闸前双击右侧Home键　② 将Apple Watch显示屏靠近专用闸机读卡区　③ 听到"嘀"声后打开即可通过

图 3-21 广州地铁"银联手机闪付"使用方式

（2）蓝牙过闸：蓝牙过闸采用的是低功耗蓝牙技术，通过与低功耗蓝牙模块相互感应、交互认证传输支付信息。乘客需要购票时，只需将手机靠近闸机感应区，一碰即可完成支付。购票过程无须输入密码预先购票，即碰即走，避免忘带市民卡或没现金乘车的尴尬局面。但在使用蓝牙过闸时，需要保证手机开启数据流量及手机蓝牙。例如南宁地铁推出的"咪付乘车"（图 3-22）就是通过蓝牙技术实现的，乘客只需下载南宁地铁 App，点击"咪付过闸"即可使用。使用方法也很简单，只要打开手机蓝牙，把手机屏幕面放在咪付感应区内，闸机马上提示可以通过，如图 3-23 所示。

图 3-22　南宁地铁 App "咪付乘车"界面

（a）蓝牙过闸进站　　　　　　　　（b）蓝牙过闸出站

图 3-23　蓝牙过闸使用方式

五、未来车票的发展趋势

近年来，随着互联网技术和生物识别技术的发展，自动售检票系统的创新进入了新阶段。目前，以人脸识别为代表的生物识别技术已广泛应用于超市支付、手机应用 App 支付、海关通关、高铁过闸等领域，市场应用效果良好，使各行业的服务质量和工作效率大幅度提高。

生物识别技术是指通过计算机与光学、声学、生物传感器和生物统计学原理等高科技手段密切结合，利用人体固有的生理特性（如指纹、人脸、虹膜、静脉等）和行为特征（如声音、姿态等）来进行个人身份的鉴定。人体生物特征具有不可复制的唯一性，无法复制、失窃或被遗忘，因此利用生物识别技术进行身份认定具有安全、可靠、准确的特点。另外，生物识别技术产品均借助于现代计算机技术实现，很容易配合电脑和安全、监控、管理系统整合，实现自动化管理。

主流的生物识别包括指纹识别、指静脉识别、虹膜识别、人脸识别等。其中，人脸识别技术以其实用性强、识别速度快、使用简单和识别精度高等特点，与其他人体生物特征识别技术相比较时占有明显的技术优势。将人脸识别技术应用于城市轨道交通自动售检票系统，既可提高乘客过闸的通行速率，实现乘客无感过闸扣费，同时结合地铁安防等，逐步建立地铁乘客信息库，还能进一步为市民出行提供增值服务，为城市安保提供有力保障。

鉴于人脸识别技术具有较高的社会、经济效益，发展前景良好，目前人脸识别技术在我国地铁建设和运营中慢慢开始得到了测试和应用。2017年12月5日，上海申通地铁集团与阿里巴巴、蚂蚁金服联合宣布，三方达成战略合作，将人脸识别技术应用于闸机，推出"人脸识别概念闸机"，即采用人脸识别技术，在新型的地铁进站闸机上新增一块屏幕，乘客经过屏幕时几乎无须停留，屏幕依托人脸识别技术可完成人脸识别并开启闸机，乘客直接进站，如图3-24所示。

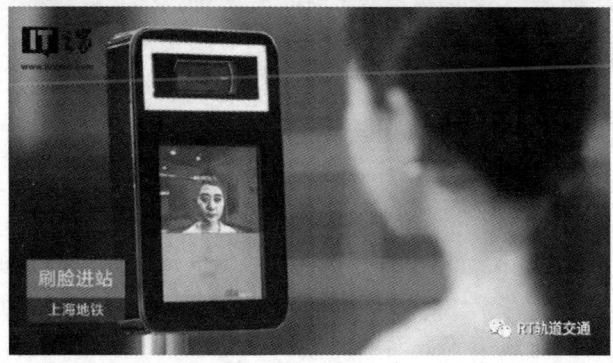

图3-24　上海地铁"人脸识别概念闸机"

2018年北京地铁开始"人脸识别闸机"试点调试"刷脸"进站，并随后正式启用。"人脸识别闸机"的投入使用，不仅能减少市民的等候时间，进一步提高乘客通行速度，车站职员和保安还可以通过人脸识别技术识别乘客身份，确认是否有可疑人士出入车站，甚至检视乘客有没有逃票。

2018年10月，广州地铁在万胜围站A口、珠江新城站B1口、嘉禾望岗站B口及体育西路站E口试点通过人脸识别功能实现乘客通行实名认证，如图3-25所示。

图3-25　广州地铁"人工智能安检门"

此外，还有深圳、南京、济南、南宁、郑州等多家地铁也将人脸识别技术研发应用到自动售检票系统中。人脸识别技术打破了地铁传统乘车方式，能提供更加便捷的乘车体验。乘客无须地铁卡，也不必掏出手机，只需刷一下脸就能通过地铁闸机。此外，人脸识别技术利用生物特征不可复制的唯一性，还具备防伪、防欺诈的优势，将是未来地铁无感支付新趋势的重要科技手段。

任务2

城市轨道交通票种类

城市轨道交通车票是由城市轨道交通运营企业根据乘客出行特征等运输生产影响因素设置合适的车票类别及票卡产品。在城市轨道交通网络化运营时期，由于经济水平、地域特征、政府扶持政策等方面的差异，各地的城市轨道交通车票种类存在很大的差别。

一、按车票发行机构及应用范围的不同分类

城市轨道交通车票按照车票发行机构及应用范围的不同可分为"一票通"车票和"一卡通"车票两大类。

（1）"一票通"车票：由轨道交通行业指定部门来发行，用以实现轨道交通线路间的无障碍换乘，包括单程票、普通储值票、计次票、出站票、工作票、测试票等。

（2）"一卡通"车票：由城市公共交通行业指定部门发行，适应整个城市所有的公共交通行业。北京、上海、广州、深圳、南京、南宁等部分城市一卡通如图 3-26 所示。

（a）北京市政一卡通

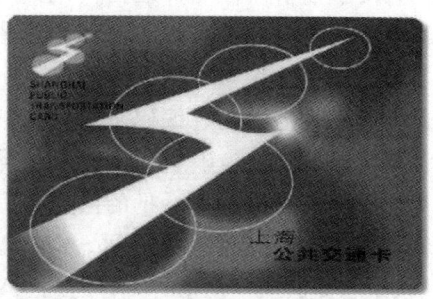
（b）上海公共交通卡

（c）广州羊城通

（d）深圳通卡

（e）南京金陵通

（f）南宁市民卡

图 3-26　部分城市一卡通样张

二、按车票使用性质分类

城市轨道交通车票按车票使用性质可分为单程票、储值票和许可票三大类。

1. 单程票

单程票是指乘客以一定金额购得一次服务旅行承诺，只可进行一次进站和一次出站行为的车票。在实际运营过程中，从应用角度出发，单程票包括普通单程票和预制单程票（简称预制票）。

（1）普通单程票。

普通单程票是乘客在地铁车站内的自动售票机、云购票机或半自动售票机购买的，使用现金或移动支付工具支付，出票时被写入购票金额、购票时间等信息的车票。一般情况下，单程票只在当日运营时间内有效。持单程票的乘客在售票车站进入，乘坐车票金额以内的里程，出站时单程票由出站检票机回收。

（2）预制单程票。

预制单程票是指通过编码分拣机（E/S）或半自动售票机（BOM）预先赋值的单程票。预制单程票分为限期预制票和不限期预制票，由站务人员人工售卖，能解决大客流情况下设备售票能力不足的问题，其使用规则与普通单程票相同。

除普通单程票和预制单程票外，城市轨道交通运营企业在特殊节日或发生特殊事件时，会发行供乘客一次乘车使用的具有纪念意义的单程票，称为纪念单程票。乘客持纪念单程票乘车时只能乘坐车费以内的车程，出站时车票不回收，由乘客保留收藏。例如 2017 年南昌、天津、宁波、福州四个城市联合发行"丝路"主题纪念单程票，如图 3-27 所示。

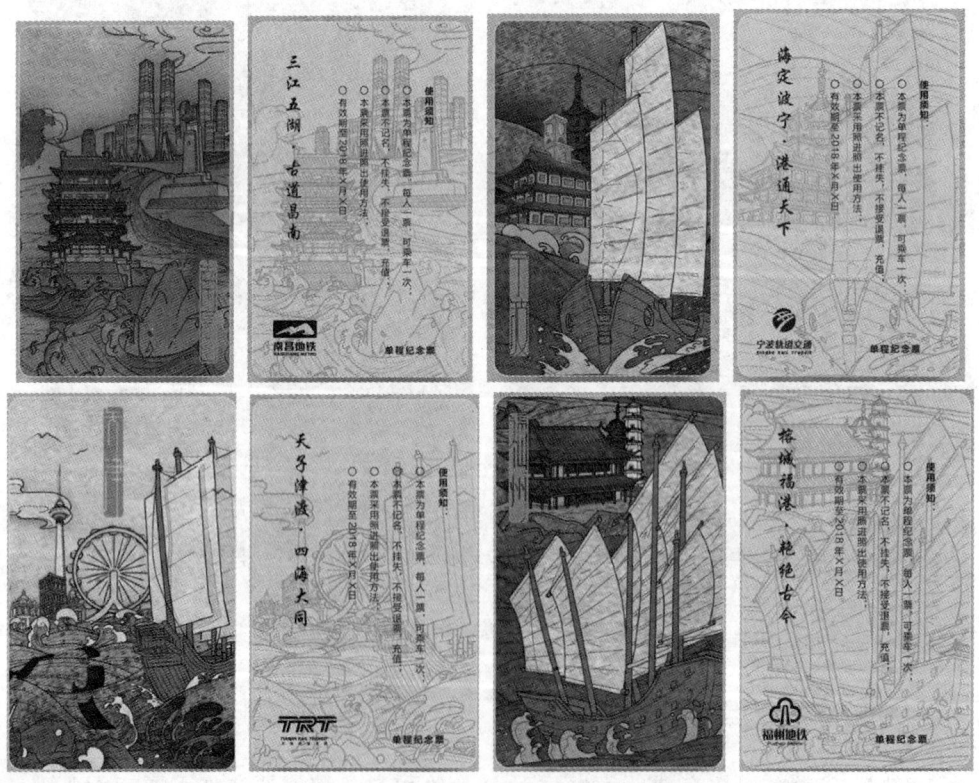

图 3-27 "丝路"主题纪念单程票样张

此外,由单位或个人一次性购买 30 张以上的单程票可购买团体单程票,可根据地铁公司规定享有一定的优惠折扣。团体单程票在出售后不予退换,在购票站通过边门进站乘车,只能进、出站一次,且当天有效。

回收可重复使用的单程票在一定程度内通过必要程序后,票卡媒介是可以循环使用的,这样可以降低每乘次的票卡媒介使用成本,但也会给票卡管理增加物流管理等难度。

2. 储值票

储值票是指车票内预存有一定资金,在金额足够的情况下可多次使用的车票,每次使用时根据费率扣除乘车费用,出站不回收。储值票包括地铁储值票、计次票、定期票和一卡通等。

(1) 地铁储值票。

地铁储值票是由城市轨道交通运营企业发行的地铁专用车票,乘客持该车票可以乘坐规定金额的车次。乘客乘坐地铁时,直接在进站检票机上刷卡进站,由出站检票机在储值票上扣费出站。地铁储值票包括普通储值票和纪念储值票,武汉地铁普通储值票如图 3-28 所示;石家庄地铁为纪念首开工程载客试运营发行的纪念储值票如图 3-29 所示。

图 3-28 武汉地铁普通储值票样张

 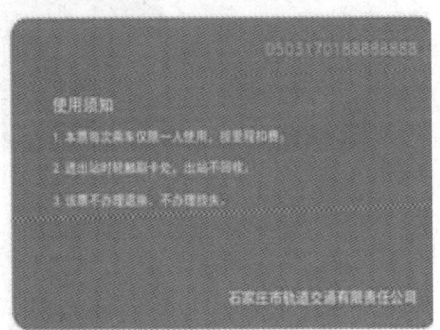

图 3-29 石家庄地铁纪念储值票样张

(2) 计次票。

计次票是城市轨道交通运营企业发行的地铁专用车票,乘客持该车票可以乘坐规定次数的车次。计次票乘客乘坐地铁时,直接在进站检票机刷卡进站,由出站检票机在计次票上扣次出站，每次乘车里程不限。计次票包括普通计次票和计次纪念票，郑州地铁推出的普通计次票和为纪念2014甲午马年发行的计次纪念票如图3-30所示。

（a）普通计次票

 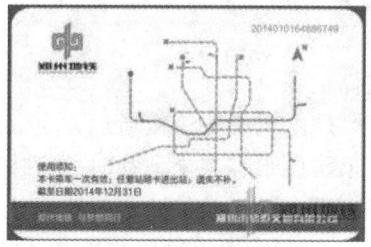

（b）计次纪念票

图3-30　郑州地铁计次票样张

（3）定期票。

定期票是城市轨道交通运营企业发行的地铁专用车票，乘客持该车票可以在有效期限内不限次数不计里程乘坐轨道交通。定期票一般包括日票、周票、月票、季票、年票等。上海地铁发行的一日票、三日票如图3-31所示。

（a）一日票

 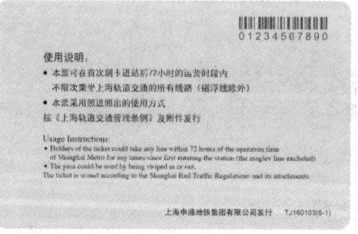

（b）三日票

图3-31　上海地铁日票样张

（4）一卡通。

一卡通由城市一卡通公司发行，适用于整个城市所有公共交通行业的 IC 卡，可以乘坐地铁、公交、出租和轮渡等多种交通工具。乘客乘坐地铁时，直接在进站检票机上刷卡进站，由出站检票机在一卡通上扣费出站。一卡通包含普通卡、老年卡、学生卡等，老年卡和学生卡乘车享有一定优惠政策。广州羊城通公司发行的部分一卡通种类如图 3-32 所示。

（a）押金卡　　　　　　　　　　（b）销售型普通卡

（c）记名卡　　　　　　　　　　（d）学生卡

（e）企业卡　　　　　　　　　　（f）联名卡

图 3-32　羊城通一卡通样张

3. 许可票

许可票是一种不同于单程票和储值票的特殊票种，由城市轨道交通运营企业根据某种特殊需要赋予特定的使用许可的车票。许可票主要包括员工票、测试票、出站票和车站工作票。

（1）员工票。

员工票是供城市轨道交通运营企业内部员工记名使用的车票，如图 3-33 所示。员工票可设置不同的类型,员工票的有效期、乘坐次数、进出站次序检查、进出站的地点限制以及乘车时间检查等参数都可以灵活设置,以便满足运营的需求,同时也可作为普通储值票使用。

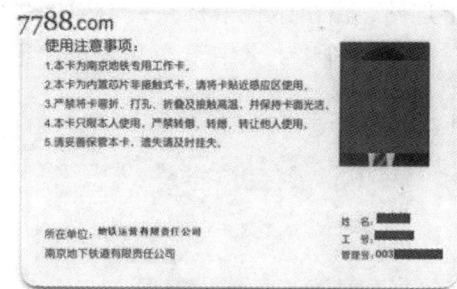

图 3-33　南京地铁员工工作卡样张

（2）测试票。

测试票是一种对自动售检票系统设备进行维护诊断的特殊票种,只能在设备处于维护模式下由维修人员测试设备时使用,如图 3-34 所示。

图 3-34　北京地铁测试票样张

（3）车站工作票。

车站工作票由轨道交通车站工作人员持有,仅限指定车站使用,工作人员不仅在进出站时免检,还可以挂失,如图 3-35 所示。

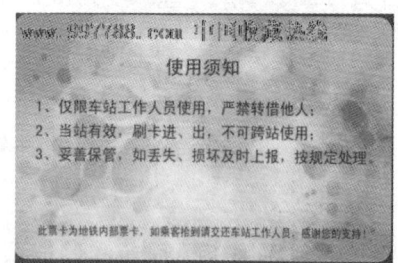

图 3-35　北京地铁车站工作票样张

（4）出站票。

出站票适用于持无效票或无票乘客出站时使用,它是通过半自动售补票机发售的,仅限发售出站票的车站当日出站时使用,在乘客出站时出站票由出站检票机回收。

三、按车票是否回收分类

车票按是否回收分为可回收类车票和不可回收类车票。

1. 可回收类车票

可回收类车票包括普通单程票、预制单程票和出站票等。持可回收类车票的乘客在出站时需要将票卡插入出站检票机回收口进行回收。

2. 不可回收类车票

不可回收类车票包括储值票、纪念票和员工票等。持不可回收类车票的乘客出站时将票卡放置在感应区刷卡出站。

任务 3

城市轨道交通票务政策

城市轨道交通票务政策主要是指城市轨道交通运营企业对计价方式、车票使用、乘车限制、乘车时限、优惠乘车、免费乘车、补票及退票等方面的规定。

一、计价方式

计价方式也称为票价制式（简称票制），是指票价的不同组合形式，简称票制。目前国内外城市轨道交通现行的票制大体上可分为基本票制、辅助票制和复合票制三大类，如图 3-36 所示。

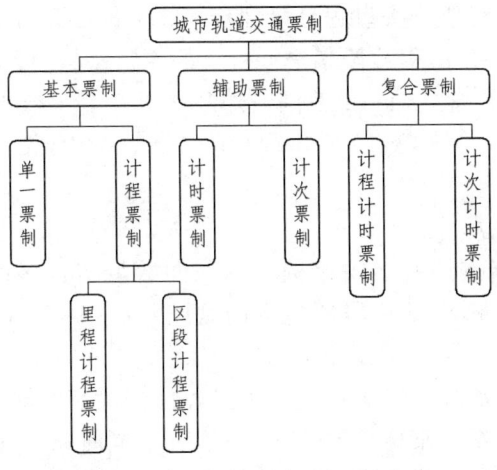

图 3-36 城市轨道交通票制分类

（一）基本票制

基本票制主要包括单一票制和计程票制，也是应用较为广泛的基础票制。

1. 单一票制

单一票制是指不论乘客乘车的距离长短或站点数多少，全网发售单一票价车票的票制。目前采用该票制的国外城市较多，如纽约地铁、莫斯科地铁等，国内城市只有北京地铁在 2007 年 10 月至 2014 年 9 月期间曾采用该种票制。

单一票制的优点在于操作相对简单，检票设备价格较低，可为城市轨道交通运营企业节省设备费用和管理费用，进而降低运营成本。但单一票制存在的不足在于只能统计进入轨道交通系统的乘客数量，无法对某一区段内客流信息进行统计；且单一票制对乘车距离长短不同的乘客收取同一票价，容易引发短途乘客的不公平感，在一定程度上不利于吸引短途客流。

2. 计程票制

计程票制是指按照乘客乘坐里程或站点数计算票价的票制，分为里程计程票制和区段计程票制。

（1）里程计程票制。

里程计程票制是指按照乘客乘坐的运营里程长短计算票价的票制。根据设定的基本起步价、起价里程、每个计价段所包含的里程数、每一计价段价格等进行票价的制定。

里程计程票制的优点在于收费标准精确合理，在规模较大的交通网络中能够精确反映价值与价格的关系，有效地兼顾长、短途乘客的需求，实现客运量与运输能力之间的平衡。但是要保证收费标准精确合理，必须制定多个收费登记，同时计费难以取整。因此，该种票制的系统复杂程度很高，必须依托高效的自动化设备，在实际应用中，轨道交通运营企业的票务管理和实际操作烦琐，乘客使用不便。

例如，南宁地铁线网票价按里程分段计价：起步价 2 元可乘 6 km，超过起步里程 6 km 后采取"递远递减，里程分段累进计价"的原则；6~12 km（含 12 km）范围内加收 1 元；12~18 km（含 18 km）范围内加收 1 元；18~26 km（含 26 km）范围内加收 1 元；26~34 km（含 34 km）范围内加收 1 元；34 km 以上每 10 km 为一个里程计价段加收 1 元。

（2）区段计程票制。

区段计程票制是指按照乘客乘坐的车站区间数量实行多级票价，根据设定的基本起步价、起价区间、每个计价段所包含的区间数、每一计价段价格等进行票价的制定。

区段计程票制有效地弥补了单一票制和里程计程票制的缺陷，此种票制基本上能够反映价值与价格的关系，兼顾长、短途乘客需求，同时，设置的收费等级相对较少，计费易于取整。在运用过程中，既减轻了运营企业票务管理和实际操作的复杂程度，又能够方便乘客使用。

例如，南京地铁规定乘坐地铁实行2元、3元、4元的分段收费。起步价2元，可乘坐1~8个站（包括起点站），3元可乘坐9~12个站，4元可乘坐13~16个站。

（二）辅助票制

1. 计时票制

计时票制是指按照乘客在城市轨道交通系统中的停留时间计费的票制。计时票制通常被作为上述几种票制的补充形式使用。例如，在计程票制下，对每一张特定区间的车票设定一个合理的有效时间段，一旦超过该时间段，乘客必须重新购票或补票，有效时间段的设定要求必须使乘客能有充分的时间到达目的地，但又不会在城市轨道交通系统中停留过长时间。

计时票制的优点在于车票计时可以有效地减少乘客在城市轨道交通系统中不必要的停留，减轻城市轨道交通系统的拥挤状况。但存在的缺点是乘坐里程与票价之间没有直接的联系，对于高成本的运营企业是不利的，其本质是政府给予市民的一种福利分配制度。计时票制适用于城市公共交通仅由一个运营企业承担的城市，目前全世界只有温哥华采用这种票制。

2. 计次票制

计次票制是指乘客通过城市轨道交通线出站闸机时，按次数计算票价的票制。乘客出站扣除一个乘次，一般不单独使用，常与计时票制结合使用。计次票制的优点在于简单易行，使用设备节省，票务管理也比较简单。但若每乘次收费较高，则不利于吸引短途乘客；反之，若平均每乘次收费较低，则不利于城市轨道交通运营收益的提高，政府需要加大对其的补贴。

（三）复合票制

复合票制是指对乘客按照多种计价方式累加计算票价的票制，主要有计时计程票制和计时计次票制。

计时计程票制和计时计次票制对出行者在城市轨道交通系统付费区域内停留时间加以限制，一旦超过规定时间，乘客必须补足超时费用或重新购票；或者在计程收费的基础上，对高峰与非高峰时段制定差别票价。计时计程票制需要在检查进出站次序和时间有效性的基础上，由出站检票机扣除票款。计时计次票制需要在检查时间参数的基础上，通过出站检票机扣除乘次。

二、车票使用规定

不同城市轨道交通运营企业对车票的使用规定和政策大同小异。一般情况下，城市轨道交通运营企业规定：

（1）普通单程票在地铁车站发售，乘客当日在发售站进站乘车有效，出站回收。逾期作废，车站予以回收。

（2）预制单程票在有效期内使用有效。

（3）乘客持有效车票进入地铁付费区，实行一人一票制，乘客应使用同一张车票进出闸，一张车票不可多人同时使用。

（4）乘客在同一车站进出闸，单程票由闸机回收，持其他车票的乘客支付所使用车票种类的最低单程票价。

（5）按序排队购票，持有效车票乘车；乘客所使用的车票不足以支付到达车站的实际车费时，须补交超程车费。

三、乘车限制

为保证车站乘车秩序、环境以及乘客的安全，城市轨道交通运营企业往往会对乘客携带的物品做出规定，允许乘客携带一定重量和体积的行李，在规定范围内的重量或体积的行李免费或收取一定费用。

例如，深圳地铁公司规定乘客携带重量为 20~30 kg 或体积为 0.06~0.1 m^2 的物品时，须加购同程车票一张；而南宁地铁则规定乘客可携带 30 kg 以内或外部尺寸长、宽、高之和在 1.6 m 以内的行李，凡是超过规定重量或体积的物品，一律不得携带进站乘车。

此外，车站禁止乘客携带易燃易爆、有毒等危险物品进站乘车。

四、乘车时限

为避免乘客在列车上或车站付费区内长时间逗留，造成不必要的拥挤，城市轨道交通运营企业往往会对乘客购票入闸至检票出闸的时间做出限制，即乘车时限。乘客的乘车时限根据线网允许的最远乘车里程、列车的速度及乘客候车、换乘所需的合理时间确定。例如，南宁地铁规定乘客有效乘车时限为 120 min，深圳地铁规定乘客有效乘车时限为 210 min。

五、优惠乘车规定

不同城市的轨道交通运营企业对优惠乘车规定有所不同，一般有以下几种优惠情况：

（1）一卡通优惠：如南宁地铁规定乘客持普通南宁市民卡乘坐地铁每次可以享受 9 折优惠；深圳地铁则规定享受票价 9.5 折优惠。

（2）换乘优惠：如深圳地铁规定持深圳通卡搭乘公交的乘客，在公交刷卡 90 分钟内换乘城市轨道交通，享受城市轨道交通普通车厢票价折扣优惠的同时再优惠 0.4 元/人次。

（3）学生优惠：如深圳、东莞、南宁等多个城市地铁规定持学生优惠卡乘车每次可以享受5折优惠。

（4）儿童优惠：如深圳地铁规定身高1.2 m以下或6周岁以下（凭身份证等有效证件）的儿童可免费乘坐城市轨道交通普通车厢；身高1.2~1.5 m或年龄在6~14周岁（凭身份证等有效证件）的儿童乘车可享受普通车厢票价5折优惠，但须在车站客服中心购买儿童票。

（5）老人优惠：如南宁地铁规定南宁市65（含）~69周岁（含）的老年人，持经注册验证的南宁市民卡可享受票价5折优惠；70周岁（含）以上老年人除法定工作日高峰时段（7:00—8:30、17:00—19:00）外持有效证件可免费乘坐轨道交通，法定工作日高峰时段持经注册验证的南宁市市民卡乘坐轨道交通可享受票价5折优惠；东莞地铁规定东莞户籍适龄老人（男性年满60周岁、女性年满55周岁）或非东莞户籍适龄老人（男性年满70周岁、女性年满65周岁）凭有效证件可免费乘坐城市轨道交通。

（6）残疾人优惠：如南宁地铁规定三/四级残疾人持经注册验证的南宁市市民卡（凭第二代《中华人民共和国残疾人证》办理注册验证）可享受票价5折优惠；东莞地铁规定持《东莞市爱心乘车卡》或第二代《中华人民共和国残疾人证》的残疾人士可免费乘坐城市轨道交通。

（7）其他优惠：如团体票、月票等。

六、免费乘车规定

免费乘车主要针对一些特殊人群，如南宁地铁规定南宁市享受国家抚恤补助的烈士遗属、因公牺牲军人遗属、病故军人遗属、在乡老复员军人、带病回乡退伍军人、参战参试退役军人持经注册验证的南宁市市民卡（凭民政主管部门出具的相关证明办理注册验证）可免费乘坐轨道交通；残疾军人、伤残人民警察、伤残国家机关工作人员、伤残民兵民工持民政部制发的有效证件可免费乘坐轨道交通；现役军人持有效证件可免费乘坐轨道交通。同时，有些地铁公司给免费乘车人员发放了福利票。

七、补退票规定

（一）补票规定

当乘客无票或持无效票，或所持车票超程、超时等情况时，需按规定到客服中心补票。对无票或持无效车票乘车的乘客，按全程票价收取票款；超程车票需补足超程部分票款后持原票出站；超时车票通常按线网最高单程票价补票后持原票出站。

（二）退票规定

城市轨道交通票卡作为有价证券，一经乘客购买，就意味着交通运输合同生效，故正常情况下不允许退票,但一些特定情况下也可办理退票。根据退票的责任对象的不同,大致可以分为乘客责任退票和运营企业责任退票。

1. 乘客责任退票

乘客责任退票是指由于乘客自身原因造成购买单程票或储值卡后不能及时乘坐或不想再继续使用时产生退票以及无效票产生退票的情形。

(1) 单程票退款。

不同城市轨道交通运营企业对于已售的单程票退款有不同规定。如南宁地铁规定 TVM、BOM 发售的单程票、预制票须在售出当天运营时间内,乘客在非付费区,卡内信息可以读取且 BOM 分析为票卡正常未进站的车票,可在购票车站按车票余值办理退票。而成都地铁则要求单程票一经售出若不属于运营企业责任的一律不予退款。

(2) 储值票退款。

在使用过程中,若卡内还存有余额,但乘客不再需要储值票要求退款时,根据情况不同分别办理:

① 储值票若未损坏,卡内信息能查询到余额时,收取一定金额的折旧费后把余额和押金退还给乘客。

② 若储值票已损坏,则押金不予退还。乘客须填写《BOM 非即时退款申请单》,5 个工作日后凭单据和有效证件到车站领取退款。若能查询到余额,将车票余额退还乘客;若不能查询到余额,则视为无余额,车票余额损失由乘客自行承担。

有下列情形之一的,可视为储值票票面损坏:① 由于摩擦导致票面刮花、保护膜脱落、表面图案磨损面积达到票面总面积的 1/3;② 票面有明显的折叠痕迹、划刻痕迹;③ 票面有明显无法清除的污渍;④ 票面涂改或张贴异物;⑤ 票面保护膜与卡片相脱离,脱离面积达到票面总面积的 1/5;⑥ 票面有高温、火烧留下的烙印;⑦ 票面有明显的受腐蚀痕迹;⑧ 车票有裂痕;⑨ 车票已扭曲不在同一平面;⑩ 车票缺边、缺角、有孔。

(3) 无效票退款。

无效票是指经 BOM 检验无法更新且系统无法读取数据的车票。无效票退款分为即时退款和非即时退款。若卡内余额可在半自动售票机查询,则按照城市轨道交通运营企业要求办理退款,并回收无效票;若卡内余额不可在半自动售票机查询,则回收无效票,填写"无效票处理申请表",请乘客在规定工作日内凭"无效票处理申请表"乘客联到指定车站办理退款。

2. 运营企业责任退票

运营企业责任退票是指当车站发生列车故障、行车安全事故等造成乘客不能按时完成运输任务而提出退票要求时,持单程票的乘客可在任何车站的规定日期内办理单程票退票,使用储值票的乘客可在下次进站时给予免费更新。

实训 3 调研城市轨道交通运营企业车票种类及票务政策规定

1. 实训目标

（1）掌握城市轨道交通票卡种类及使用规定。

（2）掌握城市轨道交通票务政策规定。

2. 实训内容

2人一组，选择感兴趣的一个城市（注：每个小组选择的城市尽可能不同），调研该城市轨道交通运营企业现行的票卡种类及使用规定、目前推行的票务政策，并与你们所在城市的轨道交通运营企业的票务政策做对比，研讨其差异性，将小组研讨结果制成 PPT，在课堂上进行展示，教师根据小组展示情况进行综合评分。

3. 评分标准

序号	评分标准	分值	评分
1	团队分工合理，全员参与	25分	
2	展示内容翔实，条理清楚	25分	
3	展示过程表述清晰、流畅	25分	
4	内容完成情况完整	25分	
	总计	100分	

思考与练习

（一）单选题

1. 在城市轨道交通 AFC 系统中，（   ）是乘客乘车的凭证。

　A. 车票　　　　B. IC 卡　　　　C. 发票　　　　D. 银行卡

2.（   ）是指车票内预存一定资金，在金额足够的情况下可多次使用的车票。

　A. 单程票　　　B. 许可票　　　C. 储值票　　　D. 特种票

3. 计时票制属于城市轨道交通票制中的哪一种类型？（   ）

　A. 基本票制　　B. 辅助票制　　C. 复合票制　　D. 浮动票制

4. 以下哪类人群不可享受免费乘车优惠？（   ）

　A. 1.2 米以下的儿童

　B. 学生

　C. 残疾军人

　D. 70 周岁以上的老人

（二）多选题

1. 根据轨道交通的特点，票卡按其使用性质一般分为（　　）。
　A. 单程票　　　B. 储值票　　　C. 员工票　　　D. 许可票
2. 以下选项关于储值票退款叙述正确的是（　　）。
　A. 储值票未损坏且卡内信息能查询到余额，采用 BOM 办理业务，将车票押金及余额退还给乘客
　B. 储值票票面图案脱色，但卡内信息能查询到余额，即为不可循环使用的车票，押金不退，只退还余额
　C. 储值票不能更新处理或不能查询到余额时，按无效票办理退款业务
　D. 储值票不能更新处理或不能查询到余额时，押金、余额均不退
5. 许可票一般分为员工票、测试票及（　　）。
　A. 公务票　　　B. 计次票　　　C. 出站票　　　D. 车站工作票
6. 非接触式智能卡按需要可封装成（　　）。
　A. 方卡型　　　B. 筹码型　　　C. 异形卡　　　D. 薄卡

（三）填空题

1. 根据信息记载方式的不同，车票媒介主要包括_____、_____、_____和_____。
2. 通过 E/S 或 BOM 提前赋值的单程票称为_____。
3. 根据卡与外界数据交换界面的不同，智能卡可分为_____、_____和_____。
4. 城市轨道交通票务政策主要是指城市轨道交通运营企业对_____、车票使用、_____、_____、优惠乘车、免费乘车、_____等方面的规定。
5. 根据用户在使用车票产品时，付费与刷码的先后顺序不同，二维码电子车票分为_____和_____两种产品形态。

（四）判断题

1. 普通纸票一般由存根、主券、副券组成，主券在购票时由票务人员保存，副券分别在进/出站时交给检票人员，存根供乘客收藏和做报销凭证。（　　）
2. 通票票面印有票价，无售卖车站名称，可在全线各车站售卖。（　　）
3. 条形码纸票是将车票的相关信息通过条形码编码储存，由条形码扫描仪完成信息识别，标识的信息能读取和改写。（　　）
4. 接触式智能卡在进行读写时卡片必须插入读写器的卡座中，通过与读写设备的接触点接触后传输交换信息。（　　）
5. NFC 电子车票无须连接网络，无论什么类型的手机，只要轻触 NFC 设备即可完成支付。（　　）

6. 出站票在出站补票时使用,发售当天有效,出站不用回收。　　　(　　)
7. 一票通由城市公共交通行业指定部门发行,适应整个城市所有公共交通行业。
　　　　　　　　　　　　　　　　　　　　　　　　　　　　(　　)

(五) 名词解释

1. 单程票
2. 计程票制
3. 无效票
4. 乘客责任退票

(六) 简答题

1. 简要说明车票的功能。
2. 简述磁卡和接触式智能卡的特点。
3. 简述城市轨道交通票制的分类。

项目 4 城市轨道交通票务管理认知

【项目导入】

车站 AFC 终端设备是城市轨道交通自动售检票系统的最基本组成部分，主要包括自动售票机、云购票机、半自动售票机、自动检票机、自动查询机、手持验票机等。这些终端设备通过计算机网络连接实现了售票、检票、计费、收费、统计等全自动化功能，有效地减少了票务管理人员的投入和人为造成的差错，使售检票秩序更加有序，可减少逃票等现象，在为乘客提供便捷的出行体验的同时，也提高了城市轨道交通运营的效率和收益。

本项目全面介绍车站 AFC 终端设备的组成结构、基本功能、简单的故障处理方法和日常维护方法，让初学者能对车站 AFC 终端设备有系统的认识，为今后从事相关工作打好坚实的基础。

【知识目标】

1. 掌握自动售票机的结构、功能、操作方法及简单的故障处理方法。
2. 掌握半自动售票机的结构、功能、操作方法及简单的故障处理方法。
3. 掌握自动检票机的结构、功能、操作方法及简单的故障处理方法。
4. 掌握自动查询机的结构、功能、操作方法。
5. 掌握云购票机的操作方法。
6. 掌握手持验票机的结构、功能、操作方法。

【能力目标】

1. 能对自动售票机进行简单的操作和故障处理。
2. 能对半自动售票机进行简单的操作和故障处理。
3. 能对自动检票机进行简单的操作和故障处理。
4. 能对自动查询机进行简单的操作。
5. 能对云购票机进行简单的操作。
6. 能对手持验票机进行简单的操作。

【建议学时】

12 学时。

任务 1

自动售票机的认知、操作与故障处理

自动售票机（Ticket Vending Machine，TVM）安装在车站非付费区，用于乘客选择用纸币、硬币、移动支付工具，通过人机交互操作界面自助完成地铁单程票购买和储值票充值的操作，如图 4-1 所示。

图 4-1　上海地铁自动售票机

一、自动售票机结构

自动售票机主要由主控单元（ECU）、单程票发售模块、储值票处理模块、硬币处理模块、纸币处理模块、纸币（或硬币）找零模块、乘客显示器、运行状态显示器、维护面板、票据打印机、电源模块、不间断电源（UPS）及机壳等部件组成。

自动售票机设备整体外形、乘客操作面板、乘客显示器、运营状态显示器、投币口、出票/找零口布置须满足人体工程学的要求。自动售票机的外部结构如图 4-2 所示。

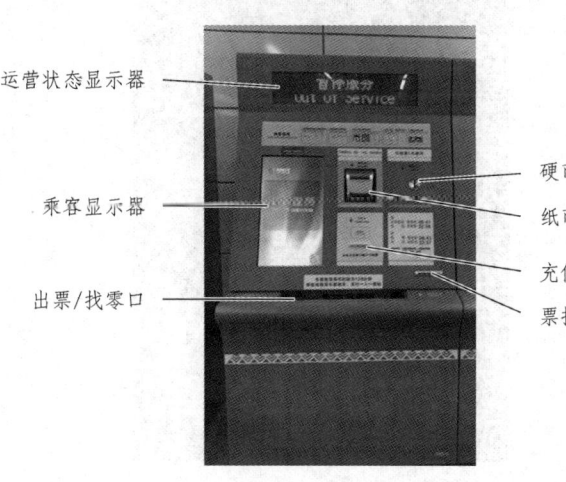

自动售票机的外部结构

图 4-2　自动售票机外部结构

- 065 -

自动售票机设备内部要求各硬件模块在设计上相互独立，各模块都与主控单元的工控机关联，通过主控单元的调度完成各项系统功能。自动售票机的内部结构如图 4-3 所示。

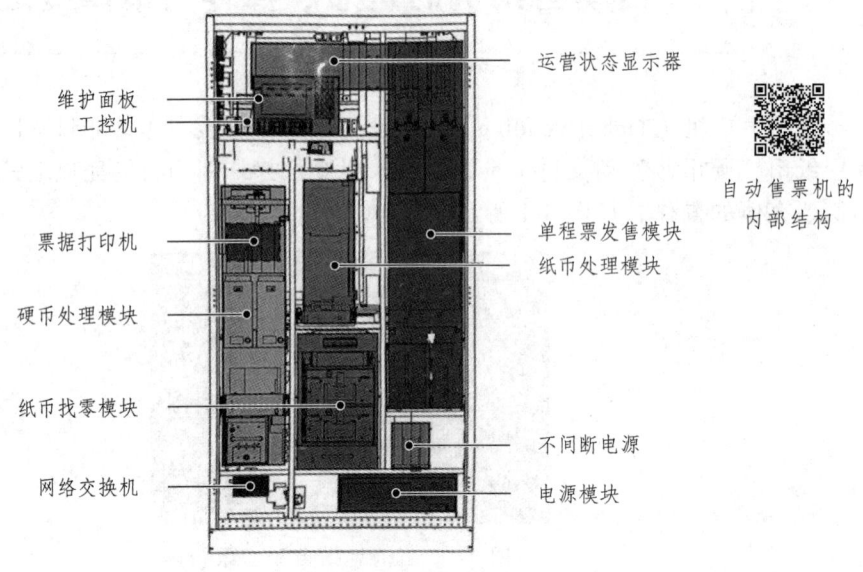

图 4-3　自动售票机内部结构

1. 主控单元（ECU）

自动售票机主控单元（也称为工控机）采用 32 位工业级微处理器，有良好的抗电磁干扰性能，保证整机 24 小时不间断稳定运行，如图 4-4 所示。主控单元是自动售票机的核心模块，负责运行控制软件，实现车票处理、现金处理显示、数据通信和状态监控等功能。

图 4-4　工控机外观

2. 单程票发售模块

单程票发售模块（图4-5）主要用于实现单程车票的读写和发售功能，包括票箱、供票机构、车票传输机构、车票读写器与天线、电器控制单元等部件，根据单程票选型不同分为卡式车票发售单元和TOKEN车票发售单元。

图4-5 单程票发售模块

车票从票箱中由刮票机构供给车票传输机构，通过车票读写器、电线读取车票信息，并进行编码和校核。自动售票机只发售单程票，若读取票卡信息为其他类型车票，则被投入废票箱。若读取票卡信息为单程票，则对车票写入相关信息（包括发售日期、发售时间、发售设备、发售站点、车票余值），校验"写入信息"，若车票校验正确则发售，否则重新发行、编码、校验，校验不正确的车票被送入废票箱。

车票在编码过程中由传感器监控，如果检测到车票阻塞，则自动售票机退出服务，乘客投入的硬币或纸币将退还乘客，显示器显示"故障信息"（车票在传输机阻塞），并在车站计算机系统上产生相应报警。

3. 储值票处理模块

储值票处理模块用于实现储值票的查询、充值功能，是进行传送的机构，具有锁卡装置，在进行充值、验票时锁卡，充值、验票完成后开锁。

4. 硬币处理模块

硬币处理模块（图4-6）具备硬币识别、识别币种增加、非标准币退出、硬币暂存、原币奉还、硬币找零、后备找零、硬币补充加币、硬币回收、清点清空硬币等功能，主要由硬币接收器、硬币暂存器、循环找零箱、补充找零箱和硬币钱箱及硬币传送装置等部件组成。

（1）硬币接收器：用来接收来自乘客购买车票时投入的硬币，由硬币投币口和硬币识别器组成，其中硬币识别器要求具有较高的鉴别能力，对无法识别的硬币能原币退还。

（2）硬币暂存器：暂存器位于硬币识别器下方，负责暂存通过识别的硬币。若乘客取消操作，则将投入的硬币返还给乘客；若乘客交易成功，则将硬币从暂存器倒入循环找零箱，以实现循环找零功能，若循环找零箱满或将满时，会倒入硬币钱箱储存。

（3）循环找零箱：用于实现硬币循环找零功能。将乘客购票投入的硬币存在循环找零箱中，以减少补充找零箱补币硬币的次数。

（4）补充找零箱：在循环找零箱中的硬币已用完的情况下，用补充找零箱中的硬币进行找零。

（5）硬币钱箱：硬币钱箱用于运营结束后回收设备内的硬币。每个硬币钱箱有独立的电子ID，硬币处理模块能自动识别所放入的钱箱编号。

（6）硬币传送装置：用于根据不同需求将硬币传送至不同地方，完成硬币的找零和回收。

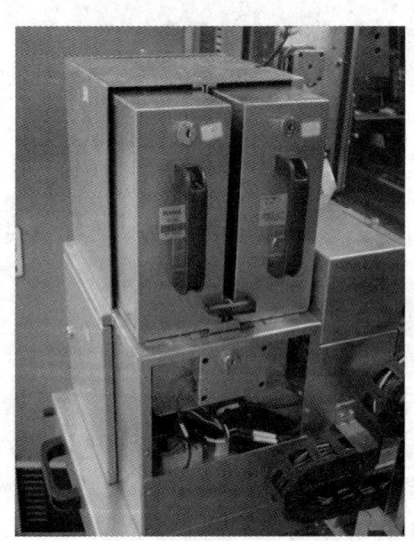

图 4-6　硬币处理模块

5. 纸币处理模块

纸币处理模块（图 4-7）实现纸币接收、识别、原币返还等功能，主要由投币口、传输装置、识别模块、暂存器和钱箱等部件组成。纸币处理模块可接受的纸币种类可以通过参数设置，也可以通过清分中心下发的文件进行设置。

当乘客通过投币口投入纸币时，纸币会被送入识别器内，由纸币传输装置将纸币输送到纸币识别模块，识别模块会对纸币的真假进行判断，若判定纸币为真币且符合接收要求，则会被存放在纸币暂存器；若判定纸币为假币或非法纸币，则直接退还给乘客。此外，在购票过程中，若交易失败或乘客取消交易时，则将暂存器内的纸币从退币口或投币口返还给乘客；若交易成功，则将暂存器内的纸币传送到缓冲区，压入纸币钱箱存储。

图 4-7　纸币处理模块

6. 纸币找零模块

纸币找零模块（图 4-8）设置固定面额的纸币用于找零，用于找零的纸币一般需要在运营开始前由人工放入纸币找零箱内。当纸币找零、硬币找零设备同时存在时，一般采用先用纸币、后用硬币的找零原则，即需要找零的金额小于找零用纸币的面额时，才会使用硬币找零。

一般纸币找零模块会配有两个纸币钱箱，箱内设有传感器，通过软件可实现"将空"以及"空"状态检测，并上报主控单元。

图 4-8　纸币找零模块

7. 乘客显示器

乘客显示器是自动售票机人机界面操作的主要部件，乘客根据显示器提示界面，通过加装在乘客显示器上的触摸屏选择进行购票操作，如图4-9所示。

乘客显示器安装在自动售票机前面板的乘客操作范围内，用于显示有关购票操作信息。在乘客购票过程中，乘客显示器能显示乘客所选择的目的地车站、票种、单价、张数、付费总金额、已投币金额等信息。

乘客显示器能显示所有可发售的票种、张数、各种付费方式、交易取消、交易确认等选择按钮供乘客选择。

在交易过程中，乘客显示器能指示乘客下一步的操作，并能提示无效操作。

在设备故障或暂停服务中，乘客显示器能显示相关的信息。

乘客显示器还可以代替运营状态显示器，用于显示设备当前的运行模式和操作模式，包括暂停服务、暂无找零、关闭、只收硬币、只收纸币、只找硬币及只找纸币等信息。

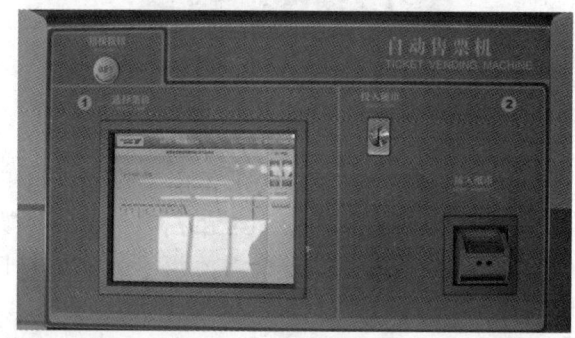

图4-9 乘客显示器

8. 运营状态显示器

运营状态显示器（图4-10）用于显示设备当前的运行模式和操作模式，包括正常服务、暂停服务、暂无找零、关闭、只收硬币、只收纸币、只找硬币及只找纸币等信息。

图4-10 运营状态显示器

9. 维护面板

维护面板（图 4-11）主要用于车站工作人员对设备进行操作、故障诊断和维护等工作，由维护面板显示器和维护小键盘组成。工作人员根据需要，通过输入工号和密码进入维护面板操作系统进行维护工作。维护面板操作界面设计采用菜单式或指令式，操作难度较低。维护面板一般包含以下内容：

① 设备运营状态信息；
② 设备时钟显示和设置；
③ 设备运行版本信息；
④ 部件运行版本信息；
⑤ 硬币清零菜单或指令；
⑥ 更换钱箱菜单或指令；
⑦ 打印账单菜单或指令；
⑧ 设备部件测试菜单或指令；
⑨ 设备关机、复位菜单或指令。

图 4-11　维护面板

10. 凭条打印机

凭条打印机用于为乘客和操作员打印凭条。当乘客进行储值卡充值时，可打印充值信息；当乘客购买单程票过程中发生"卡币、卡票、找零不足"等异常情况时，可打印相应故障信息；当车站一天运营结束时，操作人员可打印 TVM 结账信息等。

11. 电源模块

电源模块接收外部输入的交流电源并进行转换处理，为自动售票机中所有电子和电气部件提供稳定可靠的电源，如图 4-12 所示。

图 4-12 电源模块

12. 不间断电源（UPS）

UPS 即不间断电源，其功能为提供后备电源，能确保设备断电后继续为设备供电，保持一段时间的正常工作。

实训 4-1（1） 自动售票机内外部结构认知实训

1. 实训目标

（1）掌握自动售票机的外观结构组成。
（2）掌握自动售票机的内部结构包含的模块及功能。

2. 实训内容

（1）依托学校票务实训室配置的自动售票机，学生由外到内、由上到下列出自动售票机外部结构组成、内部模块并简述其功能，将上述内容填写在表 4-1 中。

表 4-1 校内票务实训室自动售票机内外部结构

序号	部件名称	功能说明
1		
2		
3		
4		
5		
6		
7		
8		

续表

序号	部件名称	功能说明
9		
10		
11		
12		
13		
14		
15		
16		
17		
18		
19		
20		

3. 评分标准

序号	评分标准	分值	评分
1	掌握 TVM 外部结构组成	25 分	
2	掌握 TVM 内部模块组成	25 分	
3	掌握 TVM 内部模块功能	25 分	
4	展示过程表述清晰、流畅	25 分	
	总计	100 分	

二、自动售票机功能

自动售票机的基本功能是通过乘客的自助式操作完成自动售票。自助购票的基本过程包括购票选择、接收购票资金、自动出票及找零等过程，在必要时还可以打印充值凭证等。自动售票机可接收硬币和纸币购买单程票，有些地铁的自动售票机还可通过手机扫码支付完成购票付款，银行卡和互联网支付也具有对"一卡通"和地铁专用储值票进行充值的功能。

自动售票机可实现以下几个方面的应用功能：

（1）接受乘客的购票选择，并在购票过程中给出提示信息及操作指导。

（2）可以接受乘客投入的现金（或储值票、信用卡等其他付费媒介）并自动完成识别，对无法识别的现金（或储值票、信用卡）予以退还。

（3）自动计算乘客投入的现金数量及购票金额，自动找零。

（4）自动完成车票校验、车票发售及出票。

（5）对各部件的工作状态进行自动监测，并向车站计算机系统上报工作状态。
（6）接受车站计算机系统下发的参数和控制命令，并执行相应的操作。
（7）存储并上传交易信息。
（8）对本机接受的现金及维护操作进行管理。

三、自动售票机操作

（一）乘客对自动售票机的操作

乘客通常使用自动售票机自助完成购买单程票和储值票充值的操作。

（1）购买单程票操作。

乘客可以通过自动售票机购买单程票，以上海地铁自动售票机为例，说明自动售票机购票操作流程，如图4-13所示。自动售票机购票操作流程大致包括：

① 选择目的线路和车站。通过乘客显示器，在运营线路上点击所需乘坐的线路，然后选择所要达到的目的地车站。

② 确认购买张数。在乘客显示器上点击选择所需购买的单程票张数。

③ 投入硬币或纸币。根据所需支付金额，从硬币投币口逐枚投入1元硬币，或从纸币投币口逐张插入自动售票机可接受面额的纸币。

④ 取票和找零。付款金额足够后，自动售票机自动发售车票和找零，可从车票口和找零口取好所购车票和找零钱。若未投足票款时，可按取消键取消交易，自动售票机会返还投入的所有购票款。

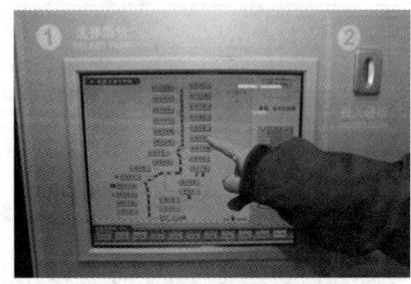
（a）选择目的线路和车站

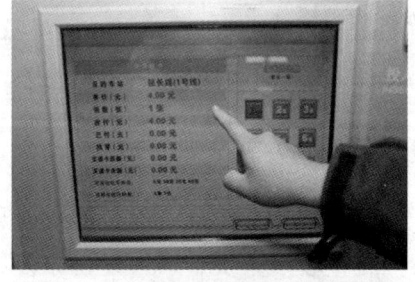
（b）确认购买张数

自动售票机
现金购票流程

（c）投入硬币或纸币

（d）取票和找零

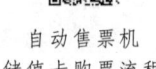
自动售票机
储值卡购票流程

图4-13 上海地铁自动售票机购票操作流程

自动售票机是自助型系统设备，城市轨道交通车站内会有部分乘客对该系统的操作不熟练，站务员应主动、热情地提供操作指引服务。因此，站务员应熟练掌握自动售票机的购票操作。

（2）储值票充值操作。

乘客使用现金在自动售票机上进行储值票充值时，自动售票机通常可接收 50 元和 100 元两种面额的纸币充值，如福州地铁（图 4-14）；部分地铁自动售票机还可接收 10 元和 20 元面额的纸币，如北京地铁。以北京地铁自动售票机充值一卡通为例，说明储值票充值操作流程，如图 4-15 所示。储值票充值操作流程大致为：

① 选择充值服务。点击乘客显示器屏幕上的"充值"按钮，选择充值服务。

② 插入一卡通。将一卡通储值卡插入储值卡插槽，并将卡片推到底。

③ 插入纸币。将纸币逐张、平整地插入纸币口，并确认本次充值金额。

④ 对一卡通进行充值。在确认本次充值金额后，请点击"充值"按钮，对一卡通储值卡进行充值。若放弃充值，则点击"取消"按钮，已投入的金额将全部退回。

⑤ 取回一卡通。在充值后，选择是否留取凭条。充值后，取回一卡通储值卡。

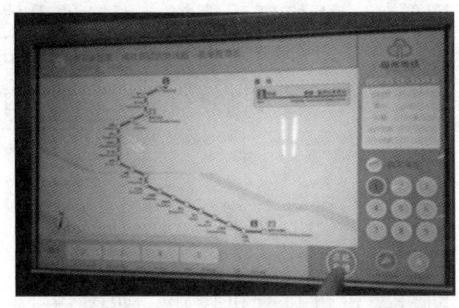

图 4-14 福州地铁自动售票机充值界面

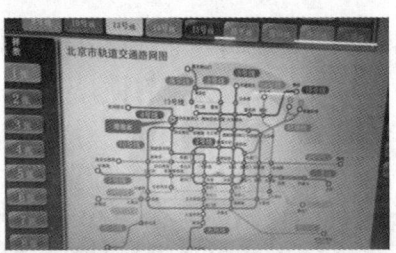

（a）选择充值服务　　　　　　　　　　（b）插入一卡通提示

（c）插入一卡通　　　　　　　　　　（d）插入纸币

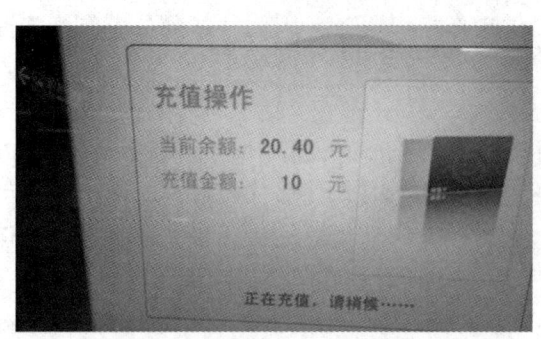

(e)对一卡通进行充值　　　　　　　(f)取回一卡通

图 4-15　北京地铁自动售票机充值操作流程

(二)工作人员对自动售票机的操作

在运营过程中需要工作人员在自动售票机上进行必要的维护操作,如 TVM 开关机操作、系统启动与退出操作、补币操作、更换票箱、更换纸币钱箱、更换硬币钱箱等。不同地铁公司使用的设备及 AFC 系统软件不同,其操作方法和界面表现形式也有所区别,但是操作项目和内容大致相似。下面以某地铁公司为例介绍工作人员对自动售票机进行的维护操作。

1. 开关机操作

(1)开机操作。

城市轨道交通车站工作人员在开站前对自动售票机进行开机操作,如图 4-16 所示。自动售票机的开机操作流程大致为:

① 用钥匙打开 TVM 维护门,检查各设备(包括硬币模块、纸币模块、单程票发售模块、硬币回收箱、票据打印机、工控机各串口等)是否安装到位、连接正常。

② 将 TVM 总控制模块开关(即空气开关)拨到"ON"位置。

③ 按下工控机的电源开关。

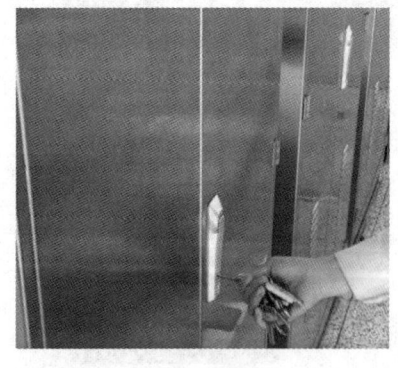
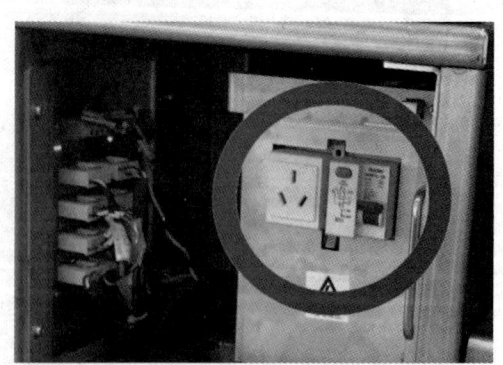

(a)打开维护门　　　　　　　　　(b)打开空气开关

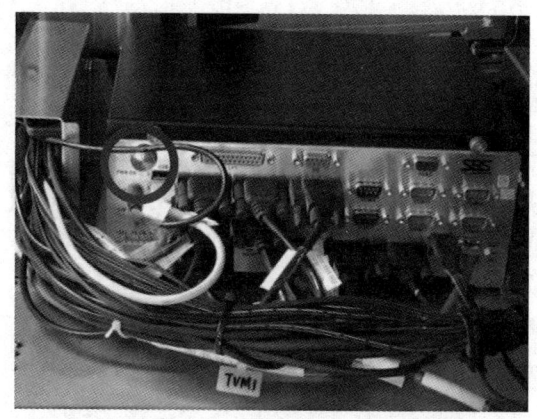

(c) 按下工控机的电源开关

图 4-16　自动售票机开机操作流程

(2) 关机操作。

城市轨道交通自动售票机的关机操作流程大致为：

① 打开维护门，进入维护界面。

② 在维护面板输入用户名、密码登录。

③ 在维护菜单中找到"关机"命令并确定（图 4-17），即可执行关机操作。

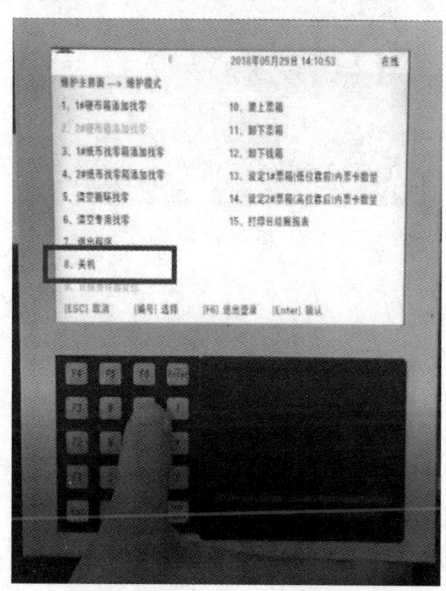

图 4-17　自动售票机维护菜单中"关机"命令

2. 系统启动与退出操作

(1) 系统启动操作。

开启电源后，TVM 通常会自动启动操作系统，运行应用软件。若设备在电源开启的状态下未自动启动，可按下工控机前面板上的按钮，手动启动操作系统及 TVM 应

用软件。在系统自动启动过程中,主要自动执行以下操作:

① TVM 应用软件的启动过程包括硬件初始化、与 SC 通信、检查程序版本、检测参数读写器授权等步骤。

② 若检测到有新的软件版本,将重新启动并执行软件升级。

③ 若在 TVM 应用软件启动的过程中,与 SC 的通信处于终端状态,则设备会尝试有限次数的重复连接,可能会造成在与 SC 通信步骤上停留时间过长。

(2)系统退出操作。

系统退出操作一般有两种方式,一种是直接按下相应的快捷键,另一种是选择"系统退出",如图 4-18 所示。

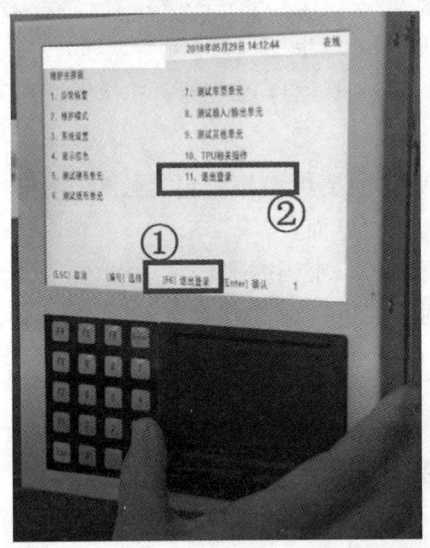

图 4-18 系统退出操作界面

3. 补币操作

城市轨道交通车站在开站运营前且设备状态正常时或在运营过程中,根据实际情况制定的加补时间或 TVM 设备发出找零箱将空信息时方可对自动售票机进行补币操作。

纸币找零箱与硬币找零箱的补币操作流程基本相同,这里以硬币找零箱补币操作为例,说明补币操作流程,如图 4-19 所示。补币操作流程大致为:

(1)打开维护门,输入用户名和密码登录维护面板,进入"补充硬币"菜单项,选择需要补币的硬币找零箱,按"ENTER"键确定显示当前该钱箱的硬币数量。

(2)拉出硬币模块,用钥匙打开硬币找零箱固定锁,拉出相应的硬币找零箱。

(3)用钥匙打开硬币找零箱上盖,加入硬币,补币后装回硬币模块并用钥匙锁好固定。

(4)装入钱箱后,在维护界面"补币数量栏"输入已补充的硬币数量,点击"确定"完成补币操作。

图 4-19　自动售票机补币操作流程

4. 更换票箱

更换票箱操作也称为补票操作，当每日运营后和 TVM 设备状态显示票箱将空信息时可对自动售票机进行补充单程票操作，更换票箱操作流程（图 4-20）大致为：

（1）打开维护门，登录维护面板，进入维护菜单主界面，选择"卸下票箱"，选择需要更换的票箱编号（1 或 2），点击"ENTER"确认。

（2）拨动单程票发售模块锁定机构，并将单程票发售模块拉出机箱。

（3）拨开票箱固定扣，将票箱顶盖推到位合锁，用票箱钥匙将票箱从单程票发售模块解开，然后取下票箱。

（4）将已加票的票箱平推进票箱设备安装位置点后顺时针旋转钥匙，拉开票箱顶盖固定锁扣。

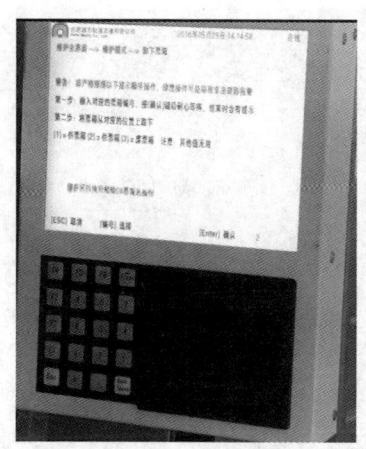

图 4-20　自动售票机更换票箱操作流程

(5)维护面板进入"维护模式"选择"装上票箱",选择对应的票箱1和票箱2,选择"设定1#、2#票箱票卡数量"命令,添加相应票卡数量,输入成功后将票卡发售模块推回机箱内直至锁定机构自动锁定票卡发售模块。

5. 更换纸币钱箱

更换纸币钱箱操作主要分为更换纸币回收钱箱和纸币找零钱箱两部分内容,当每日运营后和 TVM 设备状态显示纸币回收钱箱将满信息或纸币找零钱箱将空信息时可对自动售票机进行纸币回收钱箱或纸币找零钱箱更换操作,具体操作流程如下:

(1)更换纸币回收钱箱。

① 打开维修门,登录维护面板,输入用户名及密码进入维护模式,选择卸下钱箱,选择卸下纸币回收箱。

② 按下模块到位锁扣按钮(图 4-21),将纸币处理单元拉出机箱,提起固定扣件(图 4-22)。

图 4-21 模块到位锁扣按钮

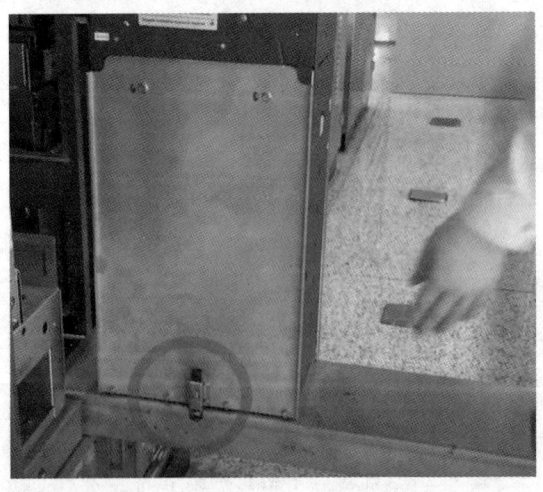

图 4-22 纸币回收钱箱固定扣件

③ 使用纸币回收箱解锁钥匙顺时针旋转,并将黄色锁扣提起,取出纸币回收箱后,在维护面板选择打印日结账报表。

(2)更换纸币找零钱箱。

① 打开维修门,登录维护面板,输入用户名及密码,进入维护模式选择卸下钱箱,选择卸下纸币找零箱。

② 使用纸币找零箱解锁钥匙顺时针旋转90度打开纸币找零箱外门。

③ 按下绿色锁扣取下废币箱、5元找零箱、10元找零箱。

6. 更换硬币钱箱

更换硬币钱箱即更换硬币回收钱箱,如图 4-23 所示。当每日运营结束后和 TVM 设备状态显示硬币回收钱箱将满信息时可对自动售票机进行更换硬币回收钱箱操作,具体操作流程与更换纸币钱箱操作类同,这里不再赘述。

图 4-23 硬币回收钱箱

实训 4-1(2) 自动售票机日常操作实训

1. 实训目标

(1)掌握自动售票机开机和关机步骤。
(2)掌握系统的启动和退出方法。
(3)掌握补充单程票、补充硬币、更换硬币/纸币钱箱操作步骤。
(4)掌握自动售票机购票操作流程。

2. 实训内容

(1)实训准备。

实训前,实训指导教师与小组长共同做好以下实训准备工作:

① 现金准备:1张100元面值的纸币、1张20元面值的纸币、4张10元面值的

纸币、5 张 5 元面值的纸币、10 个 1 元面值的硬币、5 张 1 元面值的纸币，共 200 元。

② 票卡准备：20 张已初始化的单程票，1 张储值票（视实训设备的功能决定）。

③ 钥匙准备：TVM 钱箱、票箱、维修门钥匙。

④ 资料准备：《AFC 系统实训指导书》。

（2）实训过程。

2 人一组，根据《AFC 系统实训指导书》自动售票机的操作流程，运用校内票务实训室配置的自动售票机设备练习自动售票机基本操作，并填写相应的实训表格，具体包括：

① TVM 开机操作。

请说明校内实训室 TVM 开关机操作步骤，并将其填入表 4-2。

表 4-2 TVM 开关机操作步骤

序号	开机操作步骤	关机操作步骤
1		
2		
3		
4		
5		

② TVM 系统启动与退出操作。

请说明 TVM 系统的启动和退出操作步骤，并将其填入表 4-3。

表 4-3 TVM 系统启动和退出操作步骤

序号	启动操作步骤	退出操作步骤
1		
2		
3		
4		
5		

③ 补票操作。

请说明补充单程票操作步骤,并将其填入表 4-4。

表 4-4 补充单程票操作步骤

序号	补充单程票操作步骤
1	
2	
3	
4	
5	

④ 补币操作。

请说明补充硬币操作步骤,并将其填入表 4-5。

表 4-5 补充硬币操作步骤

序号	补充操作步骤
1	
2	
3	
4	
5	

⑤ 更换硬币/纸币钱箱操作。

请说明更换硬币/纸币钱箱操作步骤,并将其填入表 4-6。

表 4-6 更换硬币/纸币钱箱操作步骤

序号	更换硬币流程操作	更换纸币流程操作
1		
2		
3		
4		

续表

序号	更换硬币流程操作	更换纸币流程操作
5		

⑥ TVM 购票操作。

请说明 TVM 购票操作步骤，并将其填入表 4-7。

表 4-7 TVM 购票操作步骤

序号	TVM 购票操作步骤
1	
2	
3	
4	
5	

3. 评分标准

序号	评分标准	分值	评分
1	熟练掌握自动售票机开机和关机步骤	20 分	
2	熟练掌握系统的启动和退出方法	20 分	
3	熟练掌握补充单程票、补充硬币、更换硬币/纸币钱箱操作步骤	40 分	
4	熟练掌握自动售票机购票操作步骤	20 分	
	总计	100 分	

四、自动售票机故障处理

乘客和车站工作人员是自动售票机的直接操作者，但若乘客在使用过程中遇到问题，会第一时间寻求车站工作人员的帮助，因此要求车站工作人员必须及时掌握自动售票机的状态，能基本分析和判断自动售票机的故障，并对其进行简单的故障处理，尽量减少故障带来的运营影响。自动售票机的常见故障及处理办法如表 4-8 所示。

表 4-8 自动售票机常见故障及处理办法

序号	故障模块	故障现象	故障原因	处理办法
1	主控单元	开机无显示	① 内部工控机未开机 ② 部件连接异常	① 打开工控机电源 ② 检查电源及显示器、部件连接，若无异常，联系专业维护人员
2	票卡模块	TVM 运营状态显示器显示："只充值"	① 单程票发售模块内未放入车票 ② 票箱未正确安装	① 放入发售车票 ② 正确安装票箱
3	硬币模块	TVM 运营状态显示器显示："只收纸币"	① 硬币处理模块卡币 ② 硬币箱未正确安装	① 启动设备后机器内部逻辑会对硬币模块进行测试，如果测试失败会进入"只收纸币"状态，这种问题一般是由硬币识别模块被硬币或其他异物堵塞所致，请检查硬币识别模块并重新启动设备 ② 正确安装硬币箱或者进行补币操作
		TVM 运营状态显示器显示："只纸币找零"	① 硬币专用找零钱箱空 ② 未输入硬币补币数	① 在硬币专用找零钱箱进行补充 ② 打开硬币专用找零钱箱，确认是否有硬币，并重新补充硬币
4	纸币模块	TVM 运营状态显示器显示："只收硬币"	① 纸币识别模块卡币 ② 纸币钱箱没有正确安装	① 由纸币识别模块被纸币或其他异物堵所致，检查纸币识别模块并重新启动设备 ② 正确安装纸币钱箱
		TVM 运营状态显示器显示："只硬币找零"	① 纸币找零补币钱箱空 ② 未输入纸币补币数	① 在纸币找零补币钱箱进行补充 ② 打开纸币找零补币钱箱，确认是否有纸币，并重新补充纸币
5	维修模块	TVM 运营状态显示器显示："暂停服务"，不能进入工作状态	① 由于维修门没有关上 ② 维修面板故障	① 检查维修面板，若故障需联系厂家 ② 关紧维修门并将维修门全部关紧上锁
6	电源模块	启动后乘客显示器没有显示	① 自动售票机内部工控机没有开机 ② 显示器处于关闭状态	① 打开工控机电源 ② 检查显示器连接线路
7	读卡模块	TVM 运营状态显示器显示："只发售"	① 储值票读卡器故障 ② 连接错误	① 检查连接线缆 ② 联系厂家更换储值票读卡器
8	其他模块	TVM 运营状态显示器显示："网络连接失败"	网络出现故障造成	① 检查自动售票机和服务器之间的网络连接是否正常 ② 检查系统服务软件是否正常运行

实训4-1（3） 自动售票机故障处理实训

1. 实训目标

（1）掌握自动售票机各模块的故障现象。
（2）掌握各模块发生故障的原因。
（3）掌握故障发生后的操作流程以及处理办法。

2. 实训内容

利用实训室内的自动售票机模拟各个模块发生故障时的场景，该实训单人进行，学生需要快速判断出故障现象、故障原因并对设备进行修复，填写表4-9。

表4-9　TVM故障分析

序号	故障模块	故障现象	故障原因	解决办法
1				
2				
3				
4				
5				

3. 评分标准

序号	评分标准	分值	评分
1	故障判断快速、准确	20分	
2	故障处理准确、熟练	20分	
3	实训报告填写完整	20分	
4	过程表述清晰、流畅	20分	
5	内容完成情况完整	20分	
总计		100分	

任务 2
半自动售票机的认知、操作与故障处理

半自动售票机（Booking Office Machine, BOM）一般安装于售/补票房或车站客服中心内。工作人员可以利用半自动售票机进行车票发售、充值、验票（车票分析）、补退票及其他票务事务处理。因此，BOM 机又称为票房售/补票机或者人工售/补票机，如图 4-24 所示。

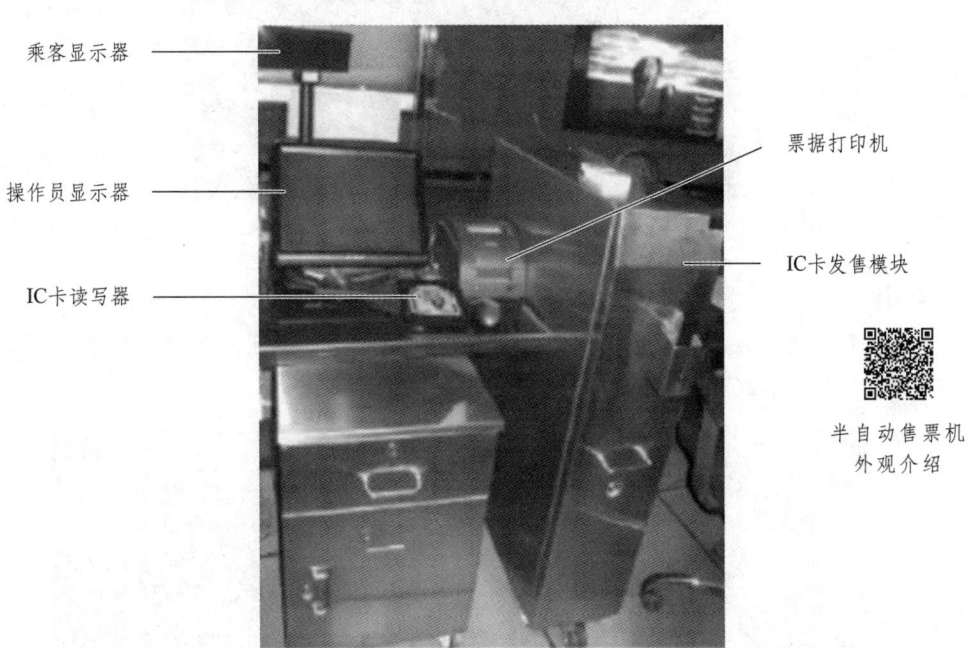

图 4-24 半自动售票机外观

一、半自动售票机结构

BOM 以主控单元为核心，由车票读写器、乘客显示器、打印机、电源等模块组成，还可以根据需要配置接触屏、车票处理装置、钱箱等部件。主控单元一般选用高可靠性工业级计算机设备，也可以选用高档的商业计算机，需要具有丰富的外部接口以支持外部设备的连接，并需要保留部分接口以支持未来设备的扩展。

BOM 可以使用键盘、鼠标等通用输入设备，也可以配置触摸屏。半自动售票机还可以配置支持自动发售车票的车票处理装置以完成车票自动发售功能。自动发售车票

的车票处理装置与自动售票机中的车票处理装置类似，在接收到主控单元的命令后，可以自动完成供票、车票读写及出票功能。

1. 主控单元

主控单元 MCU（图 4-25）负责人工售/补票机的控制软件，完成车票处理、数据通信、状态监控及故障检测等功能。主控单元 MCU 采用模块化设计，以满足物理上和功能上的互换性要求，便于维护。

图 4-25　半自动售票机主控单元

2. IC 票卡发售模块

IC 票卡发售模块由对车票进行读写的票卡读写器和用于发售 IC 车票的车票处理模块组成，如图 4-26 所示。

　　　　（a）外观　　　　　　　　　　（b）内部

图 4-26　IC 票卡发售模块

车票发售模块可用来完成单程车票的自动发售工作,以提高人工发售车票速度和效率。在以自动售票机自助式售票为主的车票,车票处理机构可以用来作为应急发售车票装置。车票处理机构内的主要部件有车票发卡装置、读写器、出票控制板等,这与自动售票机中的模块基本类似。处理机构与主控单元通过串口连接,接受主控单元发出的指令,对单程票进行各种处理,如读取车票内存信息,判断车票的有效性,对车票内储值清零、赋值、校验、出票和废票回收等。车票处理机构能一次发售多张同一票值的车票。

3. 操作员触摸屏显示器

操作员触摸屏显示器为操作员提供人机对话的界面显示,带有红外触摸屏,如图4-27所示。

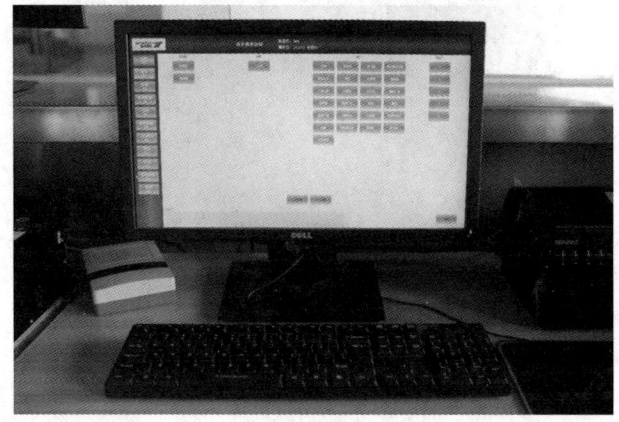

图 4-27　操作员触摸屏显示器

4. 乘客显示器

每套半自动售票机 BOM 配置 1~2 个乘客显示器,分别安放在付费区、非付费区靠近窗口、方便乘客阅读的地方,为乘客提供相关信息的显示(显示中文或英文信息,可以通过操作员选择来实现),并且带有一定的语言提示,如图 4-28 所示。

图 4-28　乘客显示器

5. IC 卡读卡器

IC 卡读卡器放置在桌面上，提供高级应用程序编程接口，支持对 ISO 14443 A/B 标准卡片的读写操作，如图 4-29 所示。针对不同的设备应用，相应的 IC 卡读写器可执行充值和消费操作。读写器有效读写距离 10 cm，交易速度为 200~1 000 ms。

图 4-29　IC 卡读卡器

6. 票据打印机

半自动售票机一般采用小型针式打印机，也可采用小型热敏打印机，如图 4-30 所示为热敏打印机。热敏打印机具有使用寿命长、故障率低的优点，但打印后的单据不能长期保留。目前，半自动售票机还是以针式打印机为主。打印机有自检功能，操作人员或技术人员使用前必须启动自检。自检提供有关固件及其他参数的信息，如果自检失败，打印机将不会工作，也不会有任何打印输出。

图 4-30　热敏票据打印机

实训 4-2（1）　半自动售票机结构认知实训

1. 实训目标

（1）掌握半自动售票机各模块的作用。

（2）掌握各模块之间的关系。

2. 实训内容

使用实训室内的半自动售票机，熟悉半自动售票机的结构组成以及相关作用，说明其定义并填写表4-10。

表4-10 BOM结构组成

序号	结构名称	定义	作用
1	单程票发售单元		
2	主控单元		
3	乘客显示器		
4	操作员显示器		
5	票据打印机		
6	读写器		
7	键盘及鼠标		

3. 评分标准

序号	评分标准	分值	评分
1	结构认知快速、准确	25分	
2	实训报告填写完整	25分	
3	过程表述清晰、流畅	25分	
4	内容完成情况完整	25分	
	总计	100分	

二、半自动售票机功能

BOM是在车站中以人工方式为乘客提供服务的售/补票设备，放置于车站售票和补票室内。

BOM的主要功能包括：售票、补票、充值、更新、替换、退票、车票挂失、车票分析、车票处理、车票查询、收益管理、设备操作等。

BOM与车站自动售检票机AFC控制系统相连，可以接受车站自动售检票机AFC控制系统下达命令的各种参数及指令，同时向车站自动售检票AFC控制系统以及线路自动售检票AFC控制系统传送各类数据。

BOM的运行模式由车站自动售检票AFC控制系统进行设定和更改，并通过系统参数数据下载到BOM上实现工作模式的自动切换。

同时，BOM还具备离线/在线状态自动检测切换的能力。根据当前的线路状态，动态提供能够处理的功能。在线状态下，能够实现从车站自动售检票 AFC 控制系统下载各种参数、接受车站自动售检票 AFC 控制系统的控制指令，能上传监控数据，根据预先设定的方式上传所处理的各种交易数据，与车站自动售检票 AFC 控制系统进行对账处理。离线状态下，BOM 除了提供需要的功能外，还要保存本地运行数据的备份，检测到网络恢复以后要进行数据的上传和续传，并进行数据账目的核对。

三、半自动售票机操作

半自动售票机
基本操作

BOM 操作与企业票务政策及乘客票务事务处理规定相关，通常分为非付费区模式和付费区模式。处理非付费区乘客票务时，应选择非付费区模式下操作；处理付费区乘客票务时，应选择付费区模式下操作。以某城市轨道交通运营企业 BOM 操作为例，常见票务事务的 BOM 操作有系统登录、售票、充值、验票、单程票退票退款、异常票卡处理等。

1. 系统登录

（1）开机进入系统主界面，然后点击"登录"按钮，显示登录界面，如图 4-31 所示。

（2）在登录界面输入用户名和密码，然后点击"确认"按钮，系统会对用户名和密码的有效性进行验证，如果验证失败，会给出错误提示信息，并提示再次输入用户名和密码。系统对登录密码和用户名有效性次数进行限制，但错误检验次数达到 3 次，系统会记录系统日志。

（3）系统登录时不仅会验证用户的合法性，同时系统会根据注册的用户进行功能授权和权限控制，使得用户只能合法地操作已授权的功能。

（4）当用户输入正确的用户名和密码，并点击"确认"登录成功后，进入系统操作主界面。

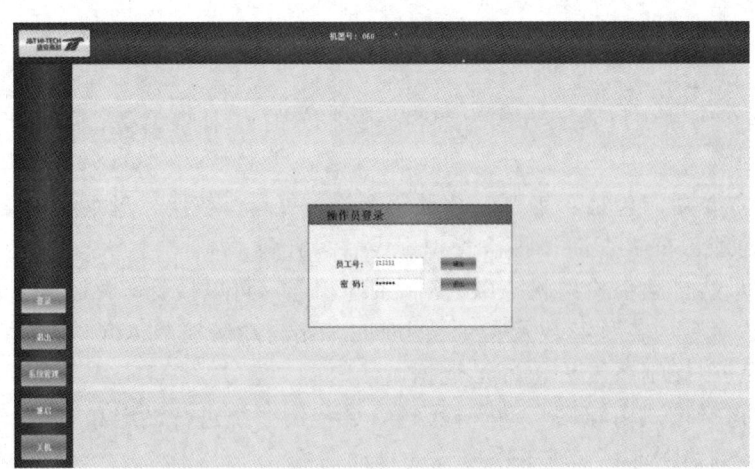

图 4-31　系统登录界面

2. 售票

售票操作分为发售单程票操作和发售储值票操作两部分内容，其中发售单程票操作又分为按站点发售单程票操作和按金额发售单程票操作，具体操作流程如下：

（1）按站点发售单程票。

① 进入售卡界面，选择售卡类型为"单程票"。

② 选择相应的线路号，可以通过下翻按钮来显示不同的线路号。

③ 选择相应的站点。

④ 选择相应的数量，这时在操作员界面会根据选择的站点计算出相应的票价，并在操作员显示器上显示售票信息、售票单价、数量及合计金额等。

⑤ 点击"确定"按钮，然后将相应票卡放置在外读写器上进行赋值，读写器会对卡片有效性进行验证，并在操作员界面显示详细的售卡信息，包括售卡是否成功及被赋值的票卡信息等。

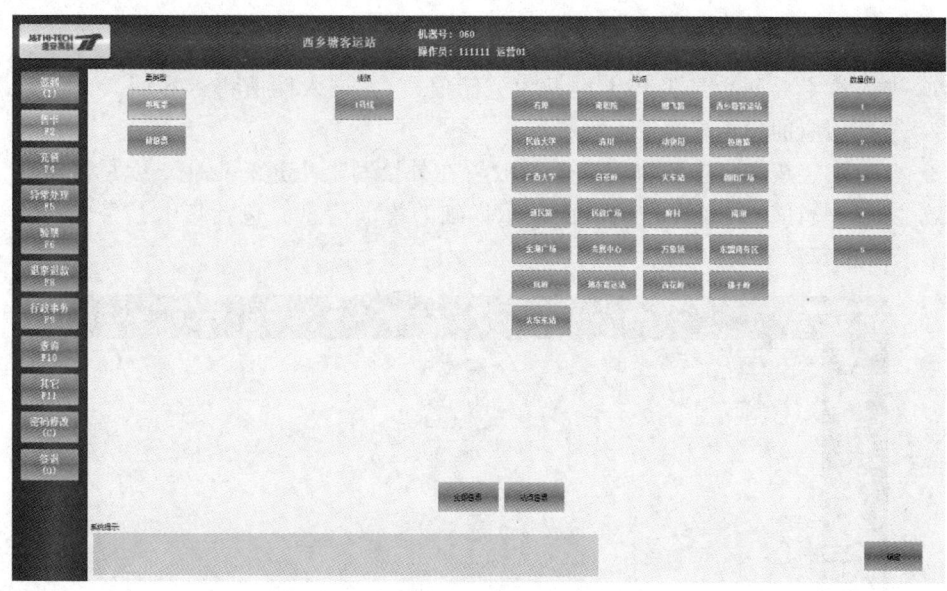

图 4-32 按站点发售单程票操作界面

（2）按金额发售单程票。

① 进入售卡界面，选择售卡类型为"单程票"。

② 选择"金额售票"，选择相应的金额。

③ 选择相应的数量，这时操作员界面会显示售票信息、售票单价、数量及合计金额等。

④ 点击"确定"按钮，然后将相应票卡放置在外读写器上进行赋值，读写器会对卡片的有效性进行验证，并会在操作员界面显示详细的售卡信息，包括售卡是否成功及被赋值的票卡信息等。

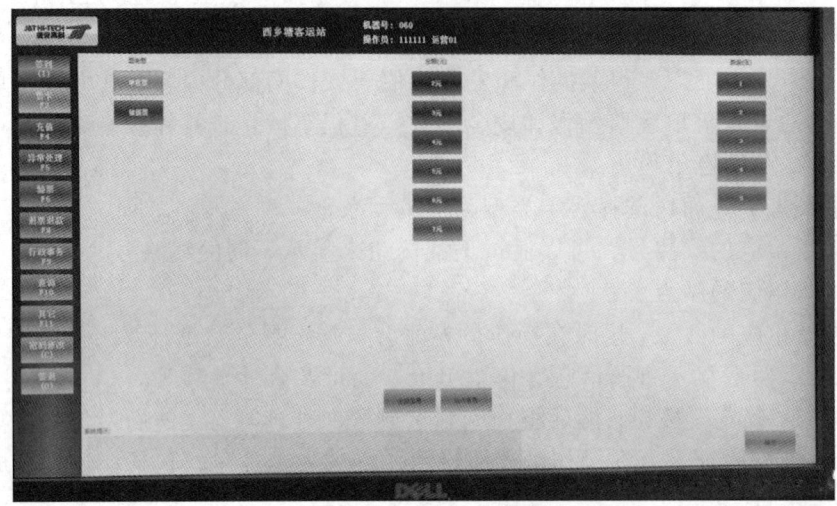

图 4-33　按金额发售单程票

（3）发售储值票。

① 进入售卡界面，选择售卡类型为"储值票"，进入储值售卡界面。

② 选择相应的售卡金额。

③ 点击确定按钮，然后将相应票卡放置在外读写器上进行赋值，读写器会对卡片的有效性进行验证，并在操作员界面显示详细的售卡信息，包括售卡是否成功及被赋值的票卡信息等。

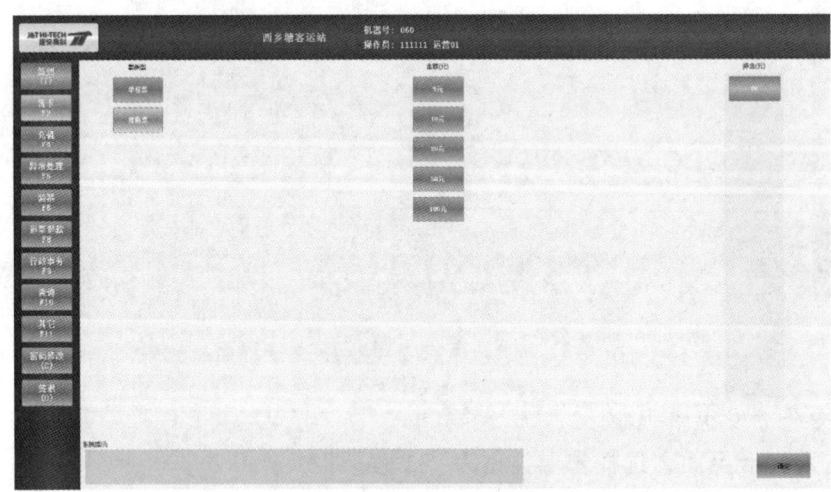

图 4-34　储值票发售操作界面

3. 充值

（1）点击左侧菜单"充值"按钮，显示充值列表界面。

（2）将储值卡放置于读卡器感应区，并根据乘客要求选择对应的充值金额，充值金额可从充值金额列表选择。

(3)在弹出的提示信息框中选择"确定"。
(4)点击"确定"按钮,完成充值功能。

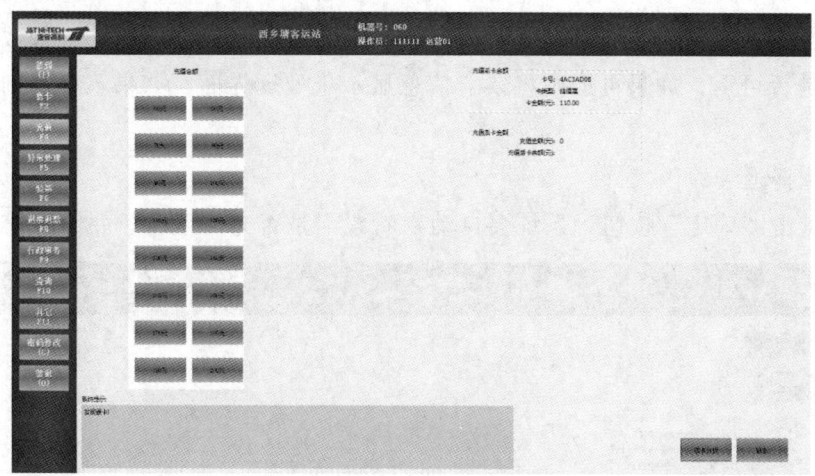

图 4-35　充值操作界面

4. 验票

(1)在业务面板上点击"验卡",系统弹出"请将卡片置于读卡器上"的窗口。
(2)将单程票或储值票放在外置读卡器上。
(3)读卡,对卡数据进行校验,对于非系统卡,系统会给出错误提示信息;对于本系统卡则可以读出卡内信息,如果卡内数据有异常,在数据显示时会对异常数据做出标记。
(4)如果要继续验卡,则换另一张卡,系统会自动继续检验该卡,不需关闭验卡界面。
(5)按"返回"后窗口关闭。

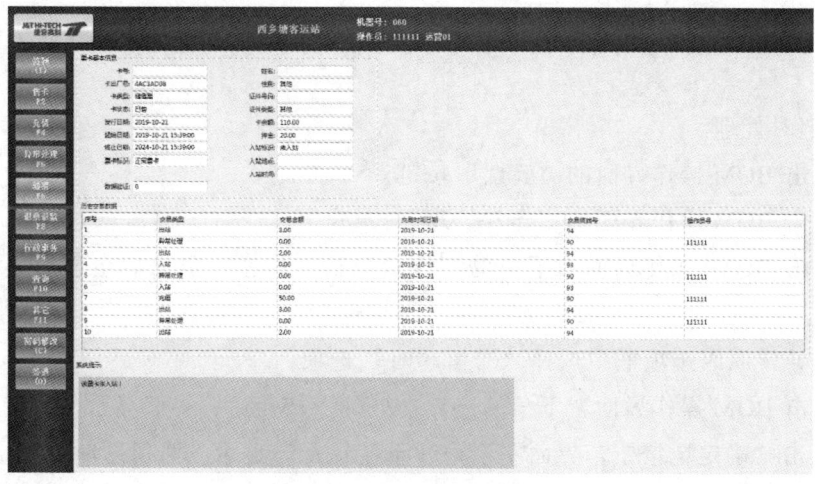

图 4-36　验票操作界面

5. 单程票退票退款

（1）将票卡放置于读卡器感应区。

（2）点击左侧菜单"退票退款"按钮，系统会自动读取票卡信息进行数据校验，验证卡片是否可退，如果可退则将票卡信息显示于处理界面，如果不可退则显示不可退的原因。

（3）选择退卡原因。

（4）点击"确定"按钮，系统会自动判断票卡是否允许退还，并给予信息提示。

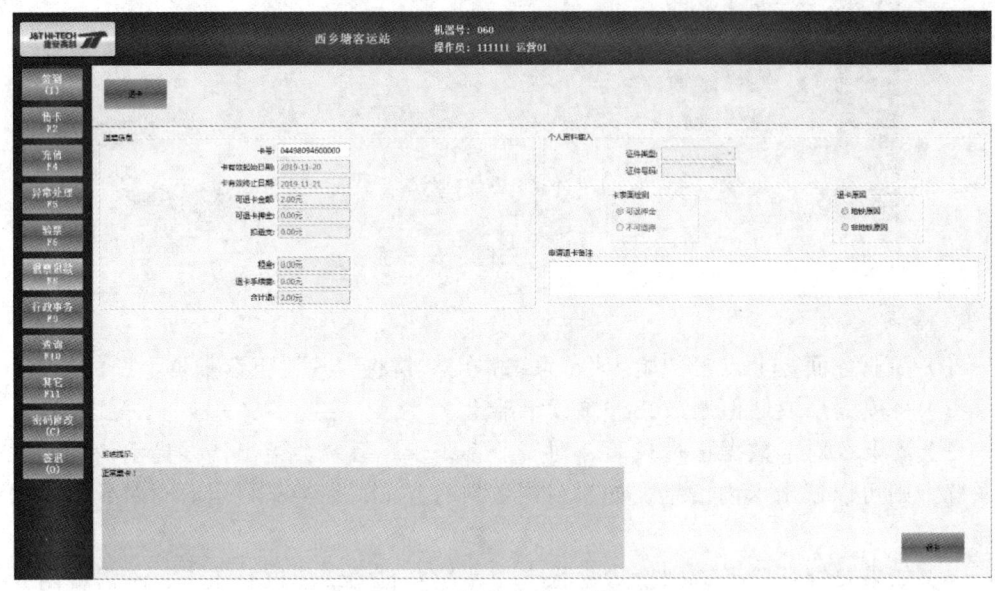

图 4-37　单程票退票退款操作界面

6. 异常票卡处理

常见的异常票卡处理包括单程票和储值票的超时处理、超程处理、无票乘车处理等。

（1）超时处理。

① 点击 BOM 操作界面的"验票"按键。

② 点击 BOM 操作界面的"异常处理"按钮。

③ 点击 BOM 操作界面右下角的"读卡分析"按钮，点击后会显示票卡的基本信息。

④ 在异常原因选项框中选择"滞留超时"选项。

⑤ 点击 BOM 操作界面右下角的"异常处理"按钮后，界面显示"您确认需要处理吗"，点击"确定"按钮，界面左下角"系统提示"显示"滞留超时处理成功"。

⑥ 再次验票显示"正常票卡"后交予乘客。

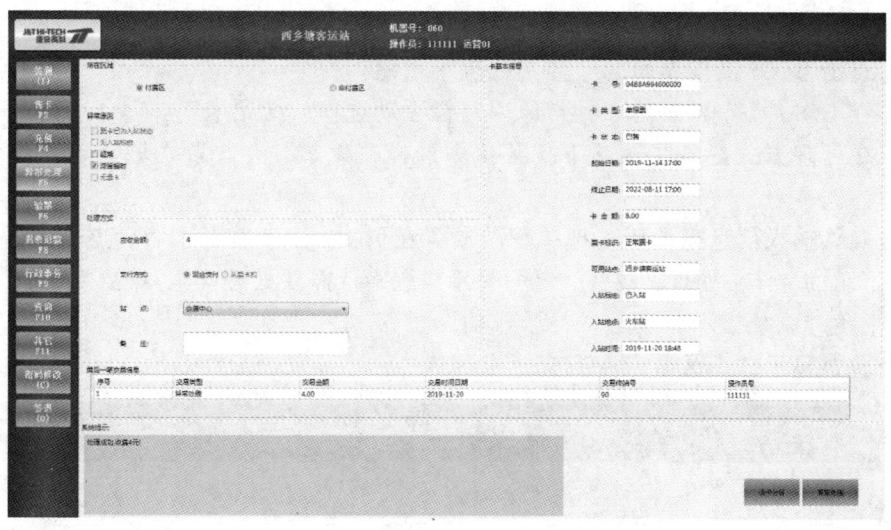

图 4-38　单程票超时处理操作界面

（2）超程处理。

① 点击 BOM 操作界面的"验票"按键。

② 点击 BOM 操作界面的"异常处理"按钮。

③ 点击 BOM 操作界面右下角的"读卡分析"按钮，点击后会显示票卡的基本信息。

④ 在异常原因选项框中选择"超程"选项。

⑤ 点击 BOM 操作界面右下角的"异常处理"按钮后，界面显示"您确认需要处理吗"，点击"确定"按钮，界面左下角"系统提示"显示"补票操作成功"。

⑥ 再次验票显示"正常票卡"后交予乘客。

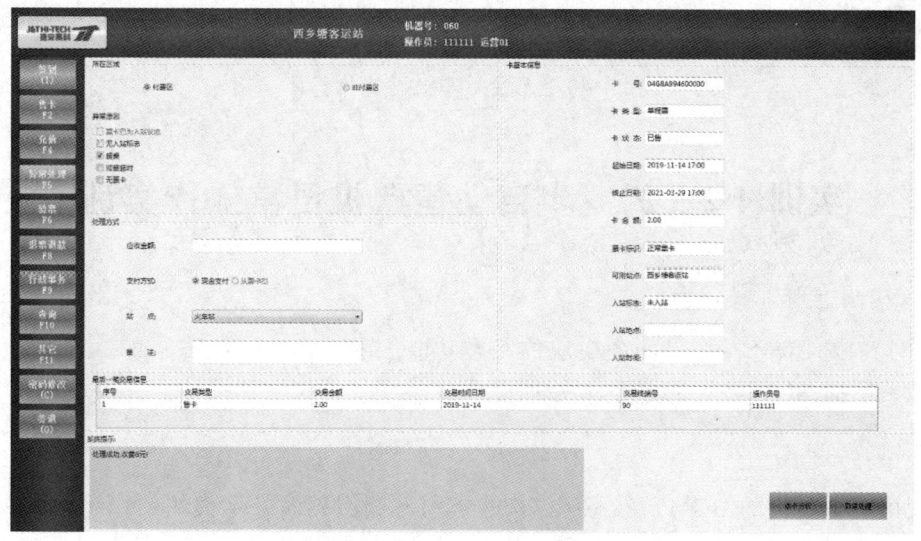

图 4-39　单程票超程处理操作界面

（3）无票乘车处理。

① 点击 BOM 操作界面的"异常处理"按钮。

② 在 BOM 操作界面的"异常原因"栏手动选择"无票卡"。

③ 在处理方式栏备注选项下拉菜单中选择"无票"并收取本城市地铁单程最高票价。

④ 确认输入信息无误后，把单程票放置在 BOM 读卡器上，然后点击 BOM 操作界面右下角的"异常处理"按钮，界面显示"您确认需要处理吗"，点击"确定"按钮，界面左下角"系统提示"显示"补票成功"。

⑤ 验票显示"正常票卡"后交予乘客。

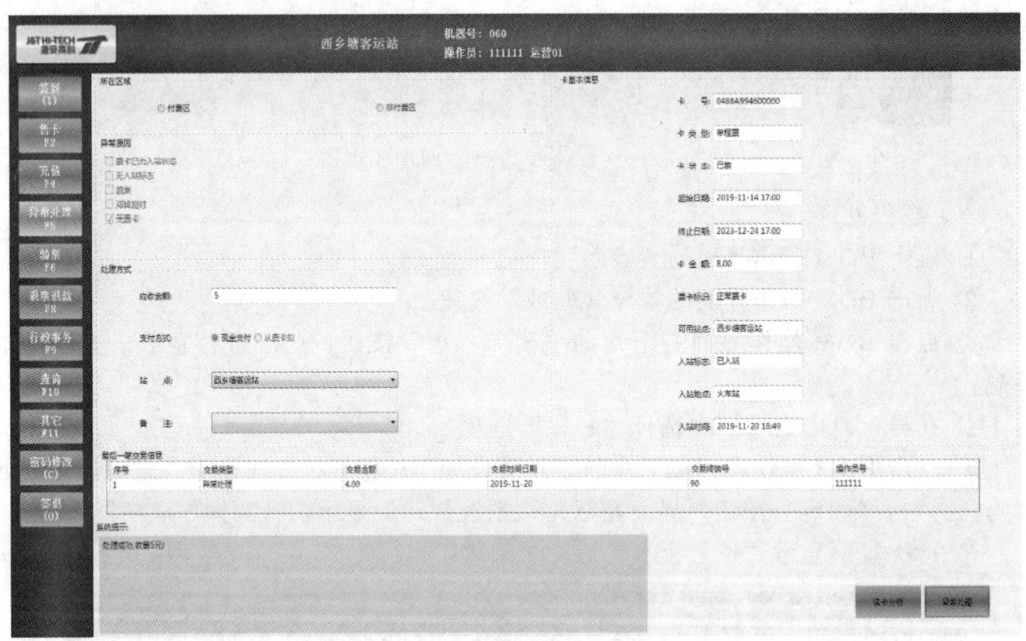

图 4-40　无票乘车处理操作界面

实训 4-2（2）　半自动售票机日常操作实训

1. 实训目标

（1）掌握 BOM 操作界面各模块的基本功能。

（2）掌握 BOM 各类异常票卡处理操作。

2. 实训内容

使用实训室内的 BOM，熟悉 BOM 的作用、操作界面各个模块的作用以及关系、异常票卡处理的相关操作，并填写表 4-11。

表 4-11　BOM 日常操作

序号	模块名称	定义	主要功能
1	售卡		
2	充值		
3	异常处理		
4	验票		
5	退款退票		
6	行政事务		
7	其他		
8	密码修改		
9	退出		

3. 评分标准

序号	评分标准	分值	评分
1	模块认知快速、准确	25 分	
2	实训报告填写完整	25 分	
3	过程表述清晰、流畅	25 分	
4	内容完成情况完整	25 分	
	总计	100 分	

四、半自动售票机故障处理

当车站半自动售票机故障时，乘客所持车票不能在半自动售票机上进行分析处理操作。当乘客不能正常进、出闸机时，车站应根据各自半自动售票机的功能不同而给予不同的处理。

（一）部分半自动售票机 BOM 故障

若只有部分半自动售票机 BOM 发生故障，票务员应通知客运值班员进行故障处理，在售票窗口摆放"设备故障，暂停服务"提示牌，同时客运值班员应安排人员引导乘客至自动售票机 TVM 购票充值或到其他票务处（即半自动售票机正常的票务处）办理相关票务业务。客运值班员无法处理的设备故障则应通知相关维修部门，并做好报修记录。

若车站票务处内有其他空闲半自动售票机 BOM，票务员可在故障半自动售票机 BOM 上退出后，登录空闲半自动售票机 BOM 进行票务作业。

（二）全部半自动售票机 BOM 故障

当全部半自动售票机发生故障时，会影响车站内售票充值的能力以及乘客票务处理的能力。此时，票务员应及时通知值班站长，值班站长应通知中心站站长现场情况，由中心站站长逐级向公司汇报，中心站站长根据客流情况下令发售预制票来缓解车站的售票压力，票务员应按地铁票价表发售预制票；同时开启车站所有可用的自动售票设备。

当全部半自动售票机故障时，对于乘客票务处理需视乘客是否在付费区进行处理。

1. 乘客在非付费区

当全部半自动售票机发生故障，乘客在非付费区时，引导其从边门进站，并告知将在出站时由出站的车站进行车票处理。

2. 乘客在付费区

当全部半自动售票机发生故障，乘客在付费区时，对持单程票的乘客，由票务员回收其单程票并引导其从边门出站；对持储值票的乘客，由票务员进行车票处理后刷卡出站。

表 4-12 半自动售票机常见故障及处理办法

序号	现象	原因	处理办法
1	半自动售票机无法正常充值	储值卡读卡器没有正确连接	正确连接储值卡读卡器
2	半自动售票机屏幕显示"网络连接失败"	网络出现故障	（1）请检查半自动售票机和服务器之间的网络连接是否正确 （2）请检查系统服务器软件是否正常运行
3	半自动售票机乘客显示器没有显示	乘客显示器电源没有打开或连接错误	打开乘客显示器电源或检查线缆连接
4	半自动售票机不能打印凭条	打印机电源没有打开或打印纸已经用尽	打开打印机电源或正确安装打印纸
5	半自动售票机无法发售单程票	单程票发售模块内没有放入车票或票箱没有正确安装	（1）放入发售用车票 （2）正确安装票箱
6	半自动售票机启动后显示"暂停服务"，不能进入工作状态	维修门没有关上	检查维修门，并将维修门全部关紧上锁
7	半自动售票机打印的凭条没有内容	打印机色带没有安装或已用尽	正确安装色带或更换色带
8	半自动售票机启动后操作员显示器没有显示	半自动售票机内部工控机没有开机或显示器处于关闭状态	打开工控机电源或打开显示器电源

实训 4-2（3） 半自动售票机故障处理实训

1. 实训目标

（1）掌握自动售票机常见故障。

（2）掌握自动售票机故障排查与故障解除。

2. 实训内容

使用实训室内的自动售票机，熟悉自动售票机的常见故障以及各个故障之间的关系，常见故障维护的相关操作，并填写表4-13。

表4-13 BOM常见故障及处理操作

序号	现象	原因	处理办法
1	半自动售票机无法正常充值		
2	半自动售票机屏幕显示"网络连接失败"		
3	半自动售票机乘客显示器没有显示		
4	半自动售票机不能打印凭条		
5	半自动售票机无法发售单程票		
6	半自动售票机启动后显示"暂停服务"，不能进入工作状态		
7	半自动售票机打印的凭条没有内容		
8	半自动售票机启动后操作员显示器没有显示		

3. 评分标准

序号	评分标准	分值	评分
1	故障点排查快速、准确	25分	
2	实训报告填写完整	25分	
3	过程表述清晰、流畅	25分	
4	内容完成情况完整	25分	
	总计	100分	

任务 3

自动检票机的认知、操作与故障处理

自动检票机（Automatic Gate Machine, AGM）安装于车站付费区与非付费区的交界处，用于实现乘客自动进出站检票，如图 4-41 所示。自动检票机应能适应地铁车站的强磁干扰、尘土、高温、震动等恶劣环境，具有防滑、防火、防酸的功能。

自动检票机总体布局

图 4-41 自动检票机外观

一、自动检票机结构

自动检票机以主控单元为核心，辅以阻挡装置、车票处理装置、声光提示装置等模块。主控单元一般选用高可靠性、低功耗的通用型嵌入式计算机设备或工业级计算机设备，需要具有丰富的外部接口以支持外部设备的连接，并需要保留部分接口以支持未来设备的扩展。

自动检票机结构可通过上部、侧向和立面三个方向进行介绍。

自动检票机外观结构

（一）上部结构

1. 票卡读写器

票卡读写器的安装位置符合乘客右手持票习惯，在检票机安装读卡器的位置有醒目的标识指示乘客刷卡位置，如图 4-42 所示。闸机的读写器可分为两种：储值票读写器和单程票读写器（两种读写器可以互换），两种读写器软件版本相同，都支持对 IOS 14443 A/B 标准卡片的读写操作。针对不同的设备应用，相应的票卡读写器执行充值和消费操作。读写器有效读写距离为 10 m，交易速度为 200~1 000 ms。

进站检票机及出站检票机都装有一个储值票读写器及天线，另外，出站检票机传输装置中还装有一个小天线的单程票读写器，用以完成单程票回收时的读写操作；双向检票机具有进站和出站的所有读写器。

图 4-42　票卡读写器刷卡区

2. 乘客显示器

乘客显示器为可变显示，能够显示中文、英文、数字及图形，以引导乘客正确使用检票机。

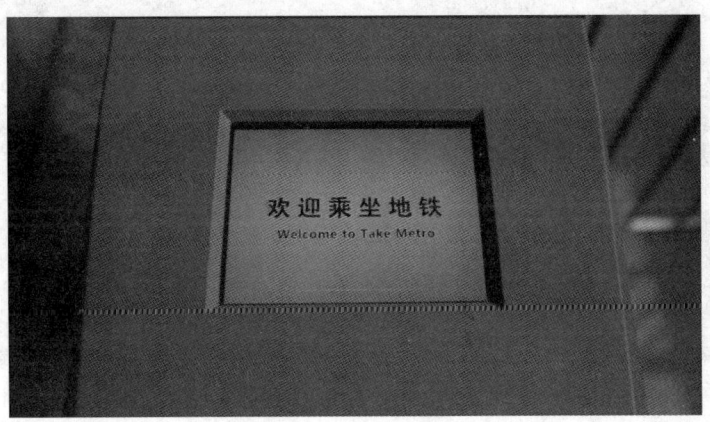

图 4-43　乘客显示器

3. 优惠票指示灯

当乘客所持车票为优惠票种，刷卡经过该自动检票机时，优惠票指示灯显示闪烁状态。

图 4-44　优惠票指示灯

（二）侧向结构

1. 通行传感器

通行传感器能够监控乘客通过自动检票机的整个过程以及监测通过自动检票机的人数。自动检票机一般采用两种传感器：透过型传感器和漫反射型传感器，如图 4-45 所示。

每对（个）传感器都不是单独使用的，通过控制单元对一组或者所有传感的检测反馈信息进行分析处理，保证通行控制的准确性和安全性。

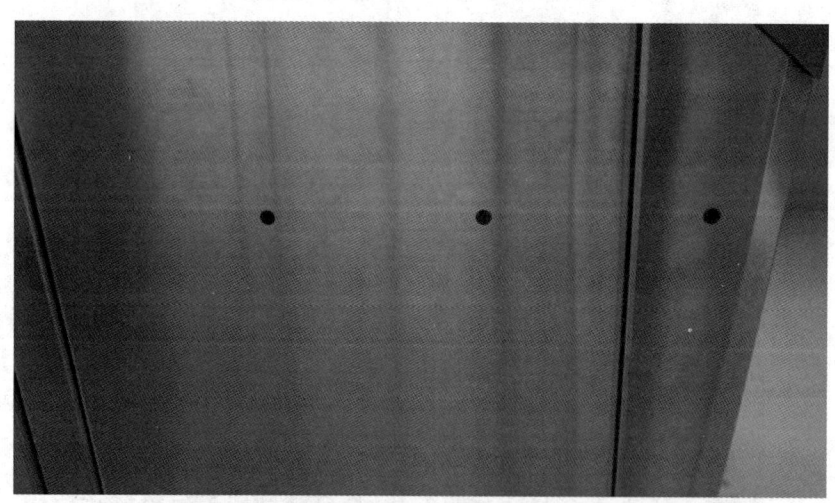

图 4-45　通行传感器

2. 高度传感器

自动检票机上装有检测身高的反射型传感器，用于检测通过的乘客是否是身高为 1.2~1.4 m（高度可调）以下的儿童，如图 4-46 所示。从检票机中部呈向斜上方的反射型传感器可以检测到约 1.2~1.4 m 以上位置的物体。当这个反射型传感器未检测到任何物体时，即使其他的传感器检测到有物体通过，也不认为是通过的乘客。因此，身高约 1.2~1.4 m 以下的儿童可以安全地通行。但是在实际通行当中，由于乘客通过时身高变化较大，所以不能非常精确地利用身高作为识别儿童乘客的依据。

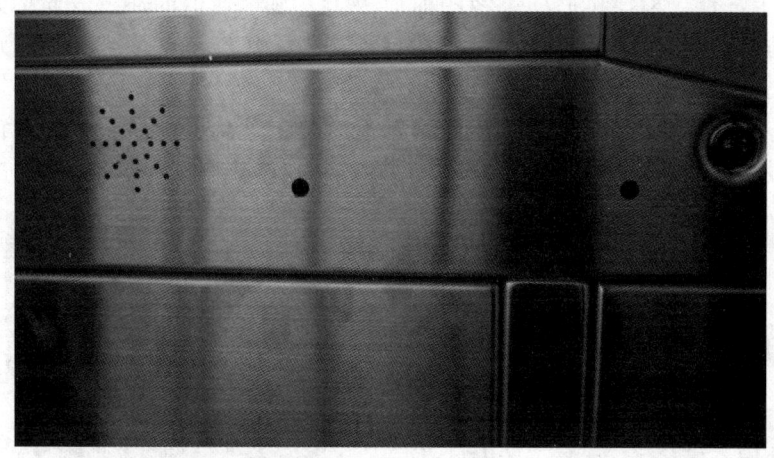

图 4-46　高度传感器

3. 扇形门装置

扇形门装置是另一种得到广泛应用的检票机阻挡装置。扇形门装置由扇形门、机械控制结构和控制板组成，如图 4-47 所示。

扇形门由软性塑胶和内置钢板组成，门的边缘部分采用软性塑胶材料生产，从而能最大限度地减小强行通过时对人体的损害。其内部的钢板可保证扇形门有效地快速关闭和阻止强行推动扇形门。扇形门为三角形，由可吸收能量的软性材料制成，当受到冲击时发生变形并能自动恢复到原来状态。

当扇门需要动作时，控制板驱动电动机，通过减速齿轮提供动力给转换器，在操作杆连接处产生力矩，通过电磁铁传递运动带动扇门运动。控制板负责对机械的控制功能及传感器信号的管理。

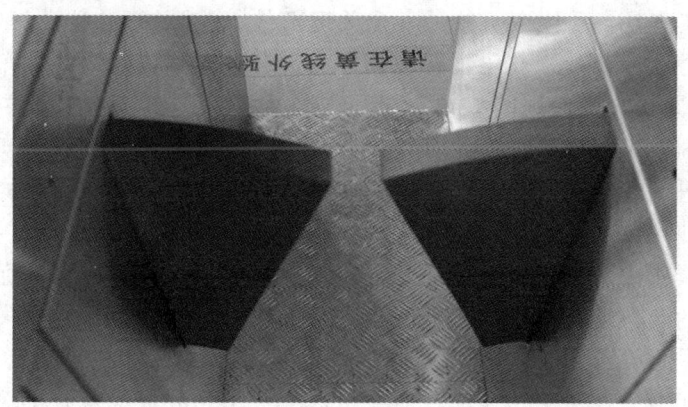

图 4-47　扇门

(三)立面结构

1. 方向指示灯

方向指示灯位于检票机面向乘客的前面板上,显示通道的通行方向标志,远距离指示乘客通道的通行状态。方向指示灯的设计确保乘客在 30 m 外的距离可以明辨标志的内容和含义。

方向指示灯及乘客显示器关于"通行"与"禁行"的标志统一,采用国际通用的标志,且配有中文说明文字,以图形加文字的形式提示乘客,如图 4-48 所示。

(a)"通行"状态　　　　　　　　　(b)"禁行"状态

图 4-48　方向指示灯

2. 车票处理装置

车票处理装置是自动检票机的另一个关键部件,车票处理装置负责完成车票读写、传送及回收处理。车票处理装置主要包括两大部分:车票读写设备和车票传送装置。

对于 IC 车票,目前使用的基本上都是非接触式 IC 芯片车票,只要车票停留在天线感应的范围内都可以对其进行读写。因此对于进站交易而言,只需要使用车票读写器就可以完成进站处理而不需要配置传动装置。由于出站时单程使用的 IC 车票都需要回收,因此当使用单程 IC 车票出站时,必须将 IC 车票投入(筹码型)或插入(方卡型)车票处理装置中,车票通过传送装置(通道)到达天线感应区并在此完成车票读写,交易成功的车票继续经传送装置回收到票箱中,非法车票或交易失败的车票将返还给乘客,由乘客到车站服务中心完成票务更新后再次使用。对于不需要回收的 IC 车票,与进站相似,仅使用车票读写器就可以完成出站处理。带有票箱的车票处理装置通常需要配置两个票箱,并实时监控票箱的状态,在票箱未安装、票箱将满或票箱已满时，需要向主控单元发送相关信息，主控单元将相关信息上传到车站计算机系统 SC。票箱通常还具有计数功能，或由主控单元进行计数。车票处理装置应可以根据主控单元的命令将车票回收到指定票箱中。

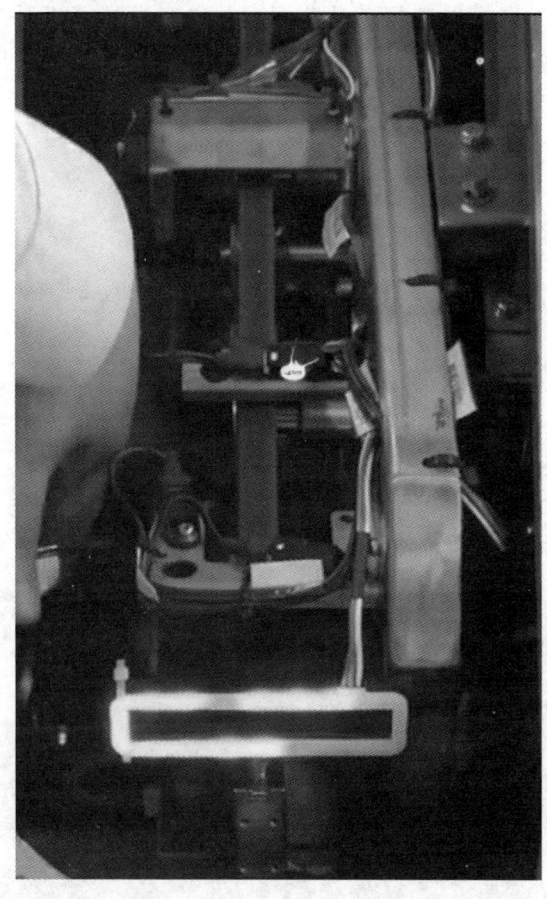

图 4-49　车票处理装置

二、自动检票机功能

自动检票机的基本功能是对乘客所持的车票进行检验，并完成进站或出站的交易处理。在计时计程的收费规则下，在进入收费区及离开收费区时都需要进行车票检验。进入收费区时检查车票的合法性并记录进入时的地点和时间；离开收费区时检查车票的合法性、进站信息的合法性及收费区内停留时间，并根据进入位置和离开位置计算本次旅程的费用，完成车票扣款操作。

自动检票机的主要功能如下：

（1）自动对车票进行有效性检验，对有效车票进行相应处理后放行乘客，对无效车票拒绝放行。

（2）对车票处理结果给出明确的提示信息。

（3）对通道的通行状态给出明确的指示。
（4）对特殊车票的使用给出明确的提示。
（5）对需要回收的车票执行回收操作。
（6）对各部件的工作状态进行自动监测，并向车站计算机系统上报工作状态。
（7）接受车站计算机系统下发的参数和控制命令，并执行相应的操作。
（8）存储并上传交易信息。
（9）接受紧急按钮信号并控制设备的操作。

三、自动检票机种类

（一）根据阻挡装置类型分类

1. 三杆式检票机

三杆装置由旋转三杆机构和控制板组成。在乘客通行时，主控单元发送命令给控制板，由控制板控制三杆开启，使三杆在一定的时间（一般为 8 s）内允许其向某个方向转动 120°，持有效车票的乘客能够顺利通过。三杆式检票机结构简单、成本较低、维护方便，但通行速度低。三杆式检票机如图 4-50 所示。

图 4-50　三杆式检票机

2. 扇门式检票机

扇门式检票机是城市轨道交通车站广泛采用的一种检票机，其通行能力比三杆式检票机多近一倍，而且设计理念较为人性化，但阻挡装置结构比较复杂，成本较高。扇门式检票机如图 4-51 所示。

图 4-51　扇门式检票机

3. 拍打门式检票机

目前我国高速铁路客运站使用的是拍打门式检票机，如图 4-52 所示。

图 4-52　拍打门式检票机

（二）根据通道宽度分类

（1）普通检票机：通道宽度为 500～540 mm。

（2）宽通道检票机：通道宽度为 900 mm。宽通道检票机可供轮椅及携带大件行李的乘客通过。

（三）根据功能分类

1. 进站检票机

进站检票机仅能完成进站检票，检票端在非付费区。

2. 出站检票机

出站检票机仅能完成出站检票，检票端在非付费区。

3. 双向检票机

双向检票机既可完成进站检票也可以完成出站检票，在付费区和非付费区分别按照进站和出站的处理规则(一侧刷卡通行时,另一侧方向乘客显示器显示"禁止通行")。

实训 4-3（1） 自动检票机结构认知实训

1. 实训目标

（1）掌握自动检票机的外观结构组成。

（2）掌握自动检票机的内部结构包含的模块及功能。

2. 实训内容

依托学校票务实训室配置的自动售票机，学生由外到内、由上到下列出自动售票机外部结构组成、内部模块并简述功能，再将上述内容填写在表 4-14 中。

表 4-14 AGM 结构组成

序号	结构名称	功能说明
1		
2		
3		
4		
5		
6		
7		
8		
9		
10		

3. 评分标准

序号	评分标准	分值	评分
1	结构认知快速、准确	25分	
2	实训报告填写完整	25分	
3	过程表述清晰、流畅	25分	
4	内容完成情况完整	25分	
	总计	100分	

四、自动检票机操作

(一)乘客对自动检票机的操作

检票机对单程票的使用方法采用"照进插出"方式,对储值票和其他不回收票卡则采用"照进照出"方式。乘客进站时,将车票靠近进站检票机顶部打读写器上方停留(照)一下(图4-53),即"照进"方式,进行检票操作。

图4-53 "照进"方式检票

乘客持单程票出站时,见单程票插入出站检票机的投票口,即"插出"方式,进行检票操作。由于单程票需回收重复使用,因此乘客出站时,必须将单程票插入出站检票机,以便车站回收循环利用。对于有效单程票,出站检票机将自动回收车票;对于无效单程票,需将车票返还给乘客。

(二)工作人员对自动检票机的操作

1. 开关机操作

(1)开机操作。

① 打开维修门。

② 打开总电源控制开关(空气开关)。

③ 打开UPS。

④ 打开电源控制箱开关。
⑤ 打开工控机开关,此时自动检票机会自动启动操作系统和自动检票程序,无须人工干预。
⑥ 关闭维修门,观察是否进入正常服务状态。
(2) 关机操作。
① 打开维修门,显示登录界面后输入用户名和密码。

自动检票机
票箱拆卸

② 在维护菜单选择"退出程序"。
③ 在 ACM 系统关闭之后,关闭 UPS。
④ 关闭电源箱开关。
⑤ 关闭总电源控制开关(空气开关)。
⑥ 关闭维修门。

自动检票机
票箱安装

2. 更换票箱

通常每日运营结束后以及出站闸机将满或已满时,需要站务人员进行更换票箱操作。不同运营企业的自动检票机的单程票回收装置设计有所不同,但基本操作步骤大致相同。下面以某城市地铁车站使用的自动检票机为例,说明更换票箱流程。

(1) 打开回收装置侧维护门。
(2) 登录进入维护界面。
(3) 使用回收装置上的按钮或使用维护界面中更换票箱中的"弹出票箱"菜单命令将票箱托盘降到票箱底部。
(4) 用钥匙锁住票箱机械锁。
(5) 取下票箱。
(6) 将新票箱安装到回收装置上。
(7) 打开票箱机械锁。
(8) 使用回收装置上的按钮或使用维护面板中更换票箱中的"装回票箱"将托盘升到票箱顶部。
(9) 进入维护面板中的票箱数量界面,将票卡计数清零。
(10) 关闭维护门。
(11) 退出通道,观察自动检票机是否进入"正常服务状态"。

实训 4-3(2) 自动检票机日常操作实训

1. 实训目标

(1) 掌握系统的启动和退出方法。
(2) 掌握更换票箱的操作步骤。

2. 实训内容

2人一组，根据《AFC系统实训指导书》自动检票机的操作流程，运用校内票务实训室配置的自动检票机设备，练习自动检票机基本操作，并填写表4-15~表4-17。

（1）AGM开关机操作。

表4-15 AGM开关机操作步骤

序号	开机操作步骤	关机操作步骤
1		
2		
3		
4		
5		

（2）对出站检票机的票卡回收箱A进行更换操作。

表4-16 更换票箱操作步骤

序号	更换票箱操作步骤
1	
2	
3	
4	
5	

（3）利用自动检票机完成1次进站/出站检票操作。

表4-17 进出站检票操作步骤

序号	进站检票操作步骤	出站检票操作步骤
1		
2		
3		
4		
5		

3. 评分标准

序号	评分标准	分值	评分
1	掌握自动检票机开关机操作	25分	
2	掌握自动检票机更换票箱操作	25分	
3	掌握进出站检票操作	25分	
4	内容完成情况完整	25分	
	总计	100分	

五、自动检票机故障处理

客运值班员对职责范围内的故障情况及时进行简单故障处理，若非职责范围内或无法处理的设备故障，应及时向相关部门报修，并做好报修记录。在故障自动检票机（即闸机）通道处摆放"设备故障，暂停使用"提示牌，引导乘客选用正常闸机进、出站。

自动检票机故障处理

（一）部分进站闸机故障

值班站长可视客流情况下令减缓或减少售票窗口；如有需要，可适当关闭站内自动售票设备及售票窗口，以减小车站进站压力。

（二）部分出站闸机故障

在车站条件允许的情况下，可打开故障闸机通道，组织持回收类车票乘客出站，人工回收车票，宣传引导持非回收类票卡乘客刷卡出站。

若车站 70%及以上进、出站闸机故障，且无法及时修复，可按突发性进、出站大客流来处理。

（三）全部进站闸机故障

全部进站闸机故障是指全部进站闸机停止检票，乘客无法通过进站闸机正常进站。当发生全部进站闸机故障时，值班站长应指挥各岗位按以下程序处理：

1. 故障发生站票务处理

故障发生站必须及时安排人员引导持票的乘客通过边门进站，同时报控制中心行车调度员，由行车调度员通知其他车站做好给乘客更新车票的准备工作，车站在设备恢复正常或进站闸机客流有效缓解后恢复正常运作，并上报控制中心行车调度员。

2. 受影响车站票务处理

受影响车站在接到行车调度员通知后，安排票务员做好乘客车票更新工作，引导乘客更新车票后通过出站闸机正常出站。

（四）全部出站闸机故障

全部出站闸机故障是指全部出站闸机停止检票，乘客无法通过出站闸机正常出站的情形。当发生全部出站闸机故障时，值班站长应指挥各岗位按以下程序处理：

值班站长及时报控制中心行车调度员，通知票务员及厅巡岗引导乘客从边门出站，对持有单程票的乘客，应回收其单程票并记入当天站存；对持储值票的乘客，应告知其本次车费在下次乘车时到售务处扣除。车站在设备恢复正常或出闸客流有效缓解后恢复正常运作，并上报控制中心行车调度员。闸机在日常运作中，由于自身系统问题或其他原因会出现一些故障。车站站务员可对故障进行简单处理，当不能处理时，应及时报专业维修人员到现场进行处理。闸机常见故障及处理办法如表 4-18 所示。

表 4-18　闸机常见故障及处理办法

序号	故障现象	故障原因	处理办法
1	开机无显示	无电源输入 部件连接异常	① 检查电源及显示屏的连接情况 ② 联系专业维护人员

续表

序号	故障现象	故障原因	处理办法
2	启动时提示"请稍候"	通行传感器异常或被异物遮挡	① 检查维护门传感器指示灯 ② 联系专业维护人员
3	提示暂停服务	维护门打开或维护门传感器异常	检查维护门情况并联系专业维护人员
		票箱满或不到位	更换票箱
		机芯故障	联系专业维护人员
		卡读写模块故障	① 检查与读写模块的连接情况 ② 联系专业维护人员
		维护模块通信异常	① 对维护模块重新加电 ② 联系专业维护人员
4	登录不成功	输入用户名或密码错误	重新输入
5	设备报警	维护时未在限定时间内登录	重新登录
		三次登录均失败	重新验证用户名和密码
		更换票箱后未到位或未确认完成	重新到位并确认完成

实训 4-3（3） 自动检票机故障处理实训

1. 实训目标

（1）掌握自动检票机各模块的故障现象。

（2）掌握各模块发生故障的原因。

（3）掌握故障发生后的操作流程以及处理办法。

2. 实训内容

使用实训室内的自动检票机模拟各个模块发生故障时的场景，此实训单人进行，学生需要快速判断出故障现象、故障原因并对设备进行修复，然后填写表 4-19。

表 4-19　AGM 常见故障及处理方法

序号	现象	原因	处理办法
1	开机无显示		
2	启动时提示"请稍候"		
3	提示暂停服务		
4	登录不成功		
5	设备报警		
6	提示暂停服务		

3. 评分标准

序号	评分标准	分值	评分
1	故障判断快速、准确	25 分	
2	实训报告填写完整	25 分	
3	过程表述清晰、流畅	25 分	
4	内容完成情况完整	25 分	
	总计	100 分	

任务 4　其他常用 AFC 终端设备认知与操作

一、云购票机认知与操作

随着近年互联网及智能手机行业的大发展，网上支付和移动支付已成为消费的主要手段。为顺应互联网支付发展趋势，方便乘客购票，广州地铁集团有限公司将互联网支付手段引入自动售检票系统，联合闪客蜂深度贯彻"互联网＋轨道交通"战略而推出的新型自助售票设备——云购票机（iTVM），如图 4-54 所示。云购票机与传统 TVM 的区别主要有两个方面：

图 4-54　南宁地铁云购票机外观

一是支付方式不同，传统 TVM 购票采用现金支付方式，需投入硬币或纸币，若乘客出行时携带的现金不足或不符合自动购票机可接受的纸币面额，需要花费时间到客服中心进行零钱兑换，增加了出行购票花费的时间；而云购票机可通过手机扫码方式使用微信、支付宝等网络支付平台进行支付，无须投入硬币或纸币，可有效地减少乘客出行时间。

二是购票方式不同，云购票机支持现场购票和互联网取票两种购票方式。当乘客在 iTVM 上进行购票时，可通过手机扫码方式使用微信、支付宝等网络支付平台进行支付，无须投入硬币或纸币；乘客可事先在手机下载安装地铁官方 App，通过地铁官方 App 或微信公众号在线预购车票，使用 iTVM 取票。

二、手持验票机认知与操作

手持式验票机是由车站工作人员用来检查非接触式票卡的设备，可显示车票内的信息，以帮助车站管理人员对车票进行分析、处理，存储在验票机中的数据由车站上传送到 ACC。

（一）手持式验票机结构

手持式验票机由手持非接触式卡的读头和底座组成。

（二）手持式验票机功能及操作

1. 初始化

手持式验票机在使用前首先要进行初始化，安装软件。按下电源开关键开机，开机后检查验票机是否置于底座上，通过连接 SC 载入操作系统。

2. 进入菜单

初始化结束后屏幕显示菜单项。用上下移动键选择菜单项，按"OK"键确认。

3. 验卡

选择"检票模式"菜单项，需要进行身份认证（使用员工卡或输入 ID 号，输入密码）正确登录后，可对乘客票卡靠近感应区进行检验，票卡信息（票值、乘车站、目的站、购票时间等）会显示在屏幕上。

4. 关机

在开机状态下按下电源开关按钮，手持式验票机将关机。

三、自动查询机认知与操作

（一）自动查询机概述

自动查询机简称 TCM 机（Ticket Checking Machine，TCM），它安装在非付费区，

供乘客自助查看车票的信息及有效性，读取过程不修改车票上的任何数据。自动查询机的操作方式采用触摸屏，可显示乘客服务信息，由线路自动售检票 AFC 控制系统下载。

（二）自动查询机组成结构与功能

自动查询机界面介绍

自动查询机主要由主机、电源、读卡器和触摸显示器等结构组成。

自动查询机具有车票查询和乘客服务信息查询等功能。车票查询是读取票卡信息，不具备写票功能，工作人员将车票在阅读器/天线处出示后 1s 内，能显示车票的查询内容：① 车票逻辑卡号；② 车票类型；③ 余额/使用次数，即显示该车票当前所剩余额及使用次数；④ 车票有效期，即显示该车票的有效期限；⑤ 车票无效原因（如安全性检查、出入顺序检查、黑名单票检查、超乘、超时等）；⑥ 交易历史等。

乘客服务信息查询的信息由后台定制下载，可以接受 Flash、图片、文本文件。提供的乘客服务信息力求方便适用。乘客服务内容分类可定制，当一屏显示不完时，使用垂直滚动条翻页，内容包括自动售检票 AFC 系统介绍、自动售检票 AFC 系统使用指南和地铁公告等。

思考与练习

（一）单选题

1. TVM 接收硬币后首先进入的是（　　）。
   A. 补充找零钱箱　　B. 循环找零箱　　C. 硬币回收钱箱　　D. 钱币钱箱
2. 以下说法正确的是（　　）。
   A. 自动检票机回收的单程票需要初始化处理后才能拿到售票机上出售
   B. 无效单程票也能够被回收
   C. 自动检票机回收的单程票可直接拿到售票机上出售
   D. 超程单程票会回收至废票箱
3. 付费区乘客持一卡通无法正常出站，BOM 分析显示"超时"，以下处理错误的是（　　）。
   A. 票务员向乘客收取超时补款
   B. 票务员为乘客发售付费出站票，对一卡通不做处理
   C. 在 BOM 上对储值卡进行更新操作
   D. 乘客持更新后的一卡通出站
4. TVM 运营状态显示器显示"只接收硬币购买单程票"，其原因是（　　）。
   A. 硬币卡币　　　　B. 循环找零箱和补充找零钱箱硬币总数低于系统设定值
   C. 硬币钱箱满　　　D. 补充找零钱箱满

（二）多选题

1. 什么情况下 TVM 运营状态显示器会显示"只收硬币"？（　　　）

   A. 通过车站计算机系统下达"只收硬币"命令进行设置

   B. 循环找零箱空

   C. 纸币模块不能继续工作

   D. 找零硬币数量低于系统设定下限

2. 某地铁车站 TVM 可实现储值卡充值，可凭纸币及硬币购买单程票，则下列哪些选项是 TVM 降级运营模式？（　　　）

   A. 只接收储值卡充值，不能购买单程票

   B. 只接收硬币购买单程票

   C. 暂停服务

   D. 只接收纸币购买单程票

3. 进站检票机的读写器对储值卡写入的信息包括（　　　）。

   A. 本次扣费　　　B. 进站站点　　　C. 出站站点　　　D. 进站时间

4. 哪些情况下自动检票机将拒收需要回收的单程票？（　　　）

   A. 票箱未安装　　　B. 票箱空　　　C. 票箱已满　　　D. 卡票

5. 付费区储值票显示"余额不足"，正确的处理方法包括（　　　）。

   A 对储值票进行充值

   B. 票务员根据车票进站信息按单程票价发售付费出站票，并免费更新储值卡进站信息

   C. 票务员补收现金对储值卡进行付费更新，乘客持更新后的票卡在闸机上扣费出站

   D. 票务员发售付费出站票，对储值卡不做处理

6. 对单程票超程处理正确的是（　　　）。

   A. 在 BOM 上可以更新的单程票，输入应收金额对原票进行更新操作

   B. 对无法更新的单程票则应回收原单程票，发售免费出站票

   C. 对无法更新的单程票，则应回收原单程票

   D. 收取应补金额，收回单程票，从边门放行乘客

（三）填空题

1. 自动检票机安装在车站_____与_____的交界处，用于实现进出站自动检票。

2. _____是自动售票机的核心模块，负责运行控制、响应用户请求、完成车票读写处理、硬件模块时序控制、现金处理显示、数据通信等。

3. TVM 维护单元由_____和_____组成。

4. _____和_____共同形成车站站厅层付费区与非付费区之间的

分隔线，用于实现乘客自助进出站检票。

  5. 闸机根据通道宽度分为_____、_____和_____。
  6. 自动检票机的车票处理装置负责完成_____、_____及_____。
  7. 半自动售票机的英文简称是_____。
  8. BOM 通常安装在_____内，同时为_____乘客与_____乘客服务,兼顾售票及补票功能。

（四）判断题

  1. TVM 硬币处理模块对无法识别的硬币给予退币处理。 （ ）
  2. 自动售票机接收硬币后对不能被硬币识别器识别的硬币直接排到硬币找零口。
                      （ ）
  3. 进站检票机仅能完成进站检票，检票端在非付费区。 （ ）
  4. 出站检票机仅能完成出站检票，检票端在非付费区。 （ ）
  5. BOM 读写器只能处理单程票，不能处理储值票。 （ ）
  6. 出站票分为付费出站票和免费出站票。 （ ）
  7. 若 BOM 分析车票为非当天发售的普通单程票，则更新车票，乘客持更新后的车票出站。 （ ）
  8. 判断乘客闸门误用时，不收取乘客费用，发售出站票给乘客出站。（ ）

（五）简答题

  1. 简述自动售票机的主要部件组成。
  2. 简述检票机的组成部件。

项目 5 车站计算机系统操作

【项目导入】

站务人员通过车站计算机系统（SC 系统）可对车站票务终端设备、客流进行实时监控，完成对票卡、票款收益的电子记账和核算，实现数据查询和报表查询等。在票务管理中，车站计算机发挥着极其重要的作用，因此要求站务人员熟悉车站计算机系统功能，能够熟练操作车站计算机系统。

本项目通过介绍车站 SC 系统的结构和操作方法、票务管理系统的操作方法，让初学者能对车站 SC 系统的结构、操作和票务管理系统的操作有一定的认知。

【知识目标】

1. 掌握车站 SC 系统的结构组成。
2. 掌握车站 SC 系统的功能及操作方法。
3. 掌握票务管理系统的功能及操作方法。

【能力目标】

1. 能熟练运用车站 SC 系统完成设备监控及客流监控操作。
2. 能熟练运用票务管理系统完成车票配发、车票上交、站间车票调拨等票务管理操作。
3. 能熟练运用票务管理系统完成 TVM 钱箱清点、BOM 领用上交管理等收益管理操作。
4. 能熟练运用票务管理系统完成数据查询和报表查询操作。

【建议学时】

8 学时。

> 任务 1

车站 SC 系统操作

一、车站 SC 系统的构成

车站计算机系统包括 SC 服务器、SC 工作站（包括监控工作站、票务工作站）、交换机、各种车站终端设备、打印机、紧急按钮、UPS 等。车站计算机的设备主要设置在车站控制室、AFC 票务室和 AFC 设备室。SC 系统构成如图 5-1 所示。

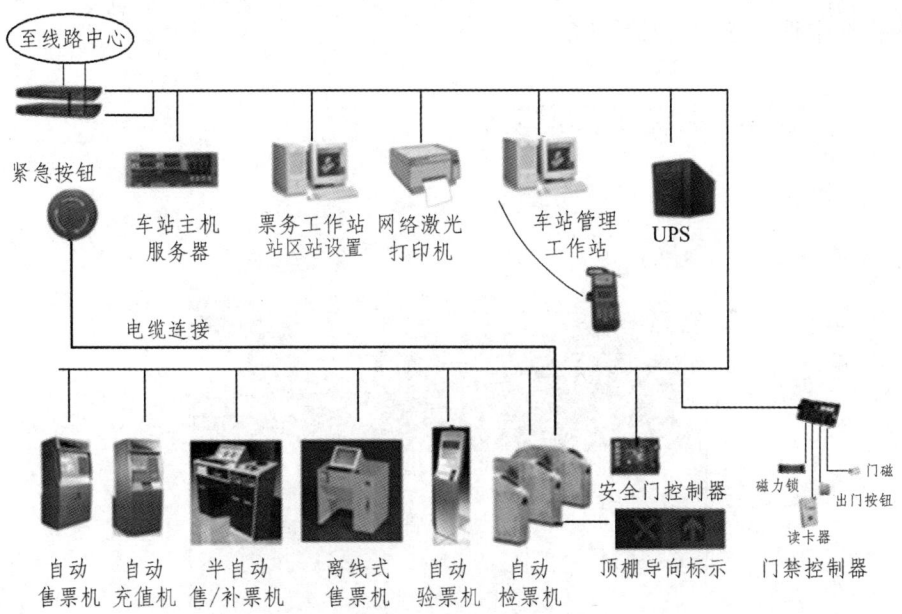

图 5-1　SC 系统构成图

二、车站 SC 系统的操作

（一）运营管理

运营管理操作主要是对站内的设备管理及客流进行监控。LC 中定义了当前线路站内所有的设备配置表，以参数的形式下传到 SC 上。SC 根据此表对站内的设备进行监控。

（二）收益管理

TVM 更换钱箱时，会将钱箱内的金额等数据通过 SC 上传给 LC；BOM 班次交班时，当前操作人员的收益金额数据也会通过 SC 上传给 LC；车站运营结束后，BOM、TVM 会自动清点当日的现金，并将收益统计信息上传给 SC，SC 再上传给 LC。

LC 将收到的原始交易数据等信息上传给 ACC，ACC 收到后，对各线路进行清分结算。

（三）参数管理

SC 接收从 LC 上传或下传得到的各类参数，一部分应用于本系统，一部分下传给站内终端设备。

（四）数据管理

SC 接收各终端设备产生的交易数据、管理数据、票务数据、网络数据。这些数据不仅保存在本地，还要上传给 LC。

三、车站 SC 系统操作说明

（一）登录

1. 登录窗口（图 5-2）

图 5-2 登录窗口界面

（1）功能：提供系统登录功能。
（2）界面元素功能说明：
① 用户名和密码：用户登录系统的标识，输入正确的用户名和密码才能进入系统。
② 登录：对当前输入的用户名和密码进行验证。验证通过则进入系统，不通过则给出提示信息。

③ 退出：放弃登录操作。

（3）操作说明：输入用户名和密码然后点击登录进行验证，验证通过进入系统，不通过则给出提示信息。

2. 主界面窗口（图 5-3）

（1）功能：引导打开各个功能子模块。

（2）界面元素说明：

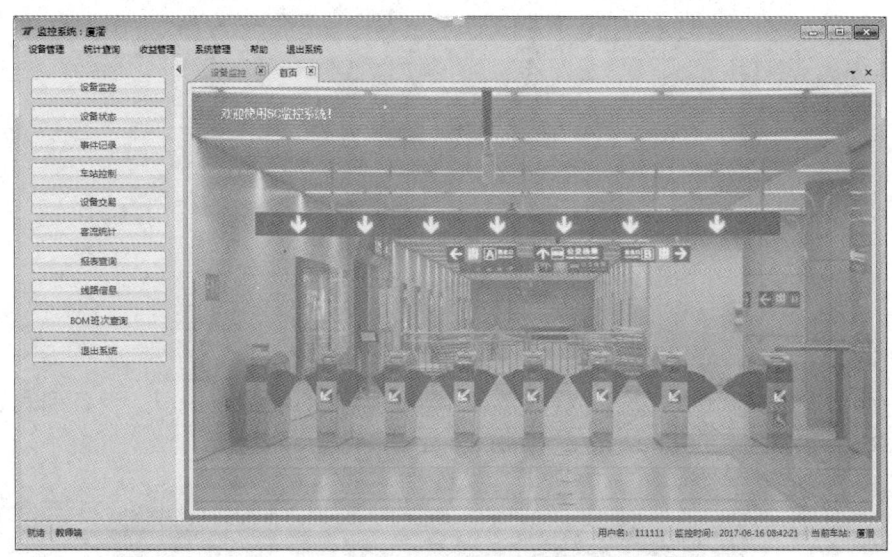

图 5-3　主界面窗口

（3）操作说明：点击主菜单中的选项或左侧导航按钮，可以直接打开对应的功能模块。

（二）功能及操作说明

1. 设备监控

（1）功能。

对线路站点进行管理，对站点设备进行管理、状态监控、运营数据统计、指令下发、设备详细信息及交易记录查看等。

（2）操作说明：

① 单击"设备管理"下的"设备监控"或单击主界面左侧的快捷导航按钮中的"设备监控"按钮，会弹出设备监控窗口。

② 点击左侧的"总线路布局"，教师端可以对线路站点布局进行管理，还可以拖动线路站点的位置，支持方向键微调。

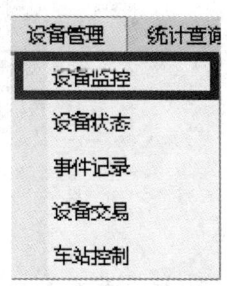

图 5-4　选择"设备监控"功能

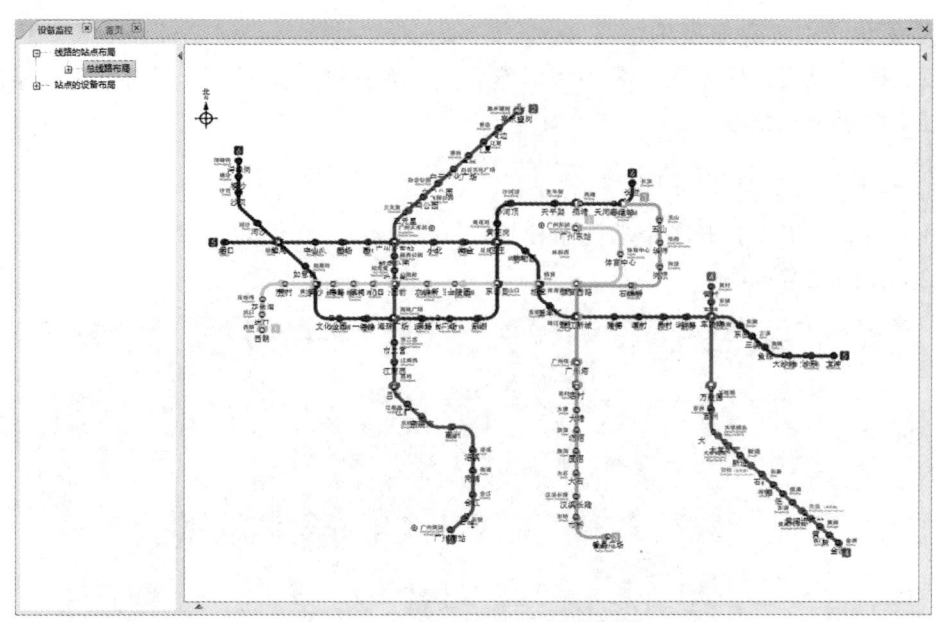

图 5-5　线路站点布局图

③ 点击左侧的"厦滘"站,右侧会显示出该站点的设备布局图、设备列表、分组列表、SC 状态监控、SC 客流统计、最新事件等。

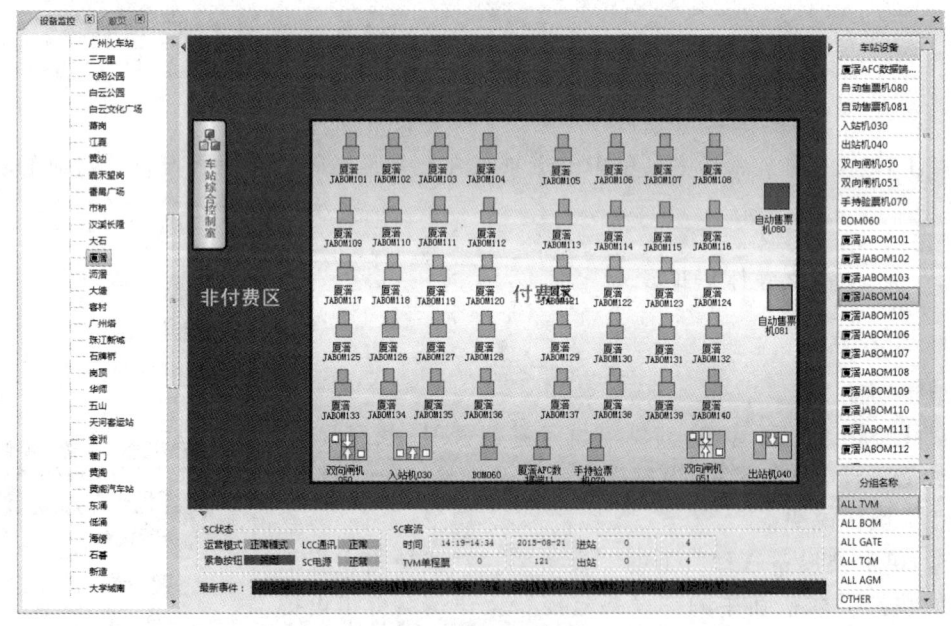

图 5-6　站点设备布局图

④ 鼠标移入设备图标,单击右键或在设备列表中选择一个设备单击鼠标右键,会弹出相应的快捷菜单,菜单中有四个选项,如图 5-7 所示,可以开始服务、停止服务、查看细节或查看交易。

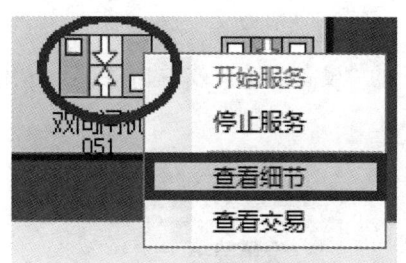

图 5-7 设备快捷菜单选项

⑤ 点击"查看细节"弹出如图 5-8 窗口,可以查看当前设备的基本信息、事件记录等,可以开启或者停止该设备的服务,如果是闸机设备则可以控制该设备的方向,仅限教师端进行该操作,学员端仅能查看。

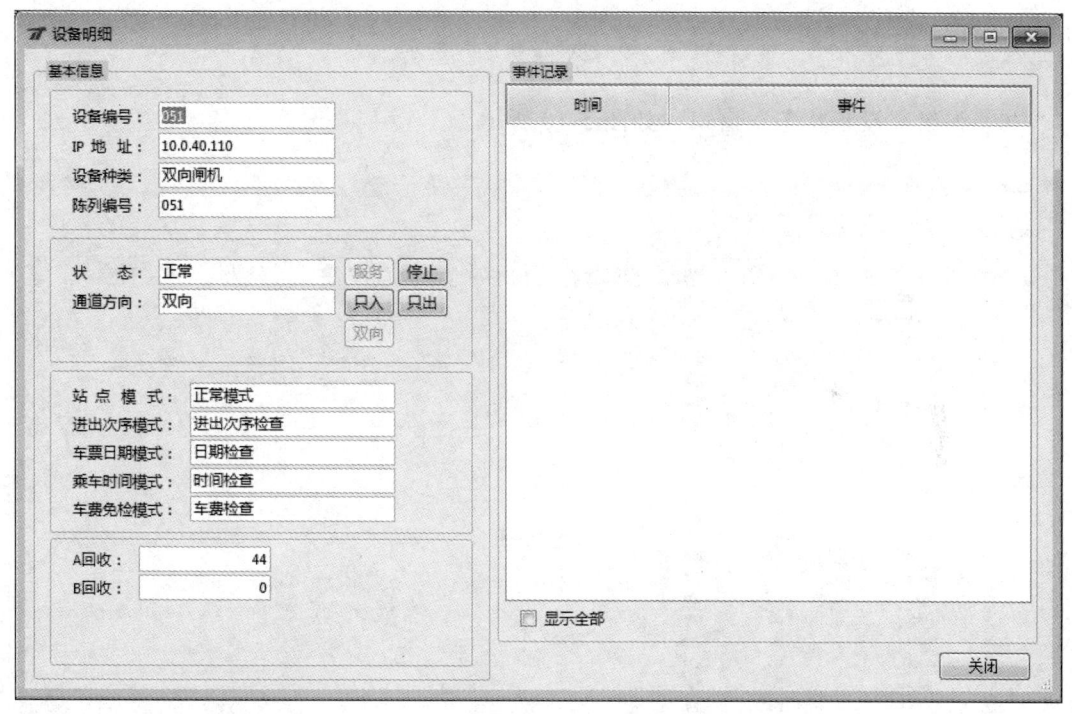

图 5-8 设备明细

⑥ 事件记录默认显示当天的记录,勾选左下角的"显示全部"选项卡则可以显示该设备的全部事件记录。

2. 设备状态

(1) 功能:对设备当前服务模式、运营模式及主要模块状态提供列表显示,按设备类型及设备代码更新设备状态信息。

（2）操作说明：

① 单击"设备管理"下的"设备状态"或单击主界面左侧的快捷导航按钮中的"设备状态"按钮，如图5-9所示。

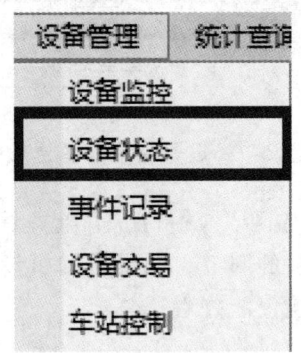

图5-9 "设备状态"选项

② 弹出"设备状态"窗口，如图5-10所示。

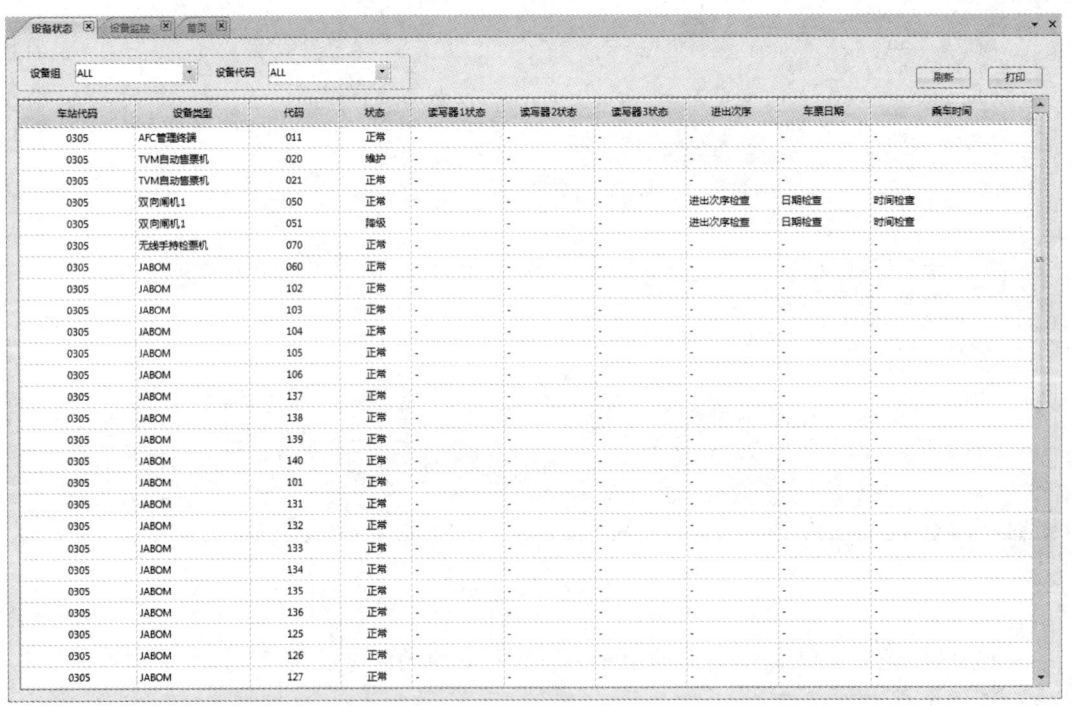

图5-10 "设备状态"窗口

③ 选择设备组、设备代码条件，然后点击"刷新"按钮即可对设备状态记录进行筛选，点击"打印"按钮可以将设备状态列表导出为Excel文件。

3. 设备交易

（1）功能：查询分析所有设备所有交易类型的交易数量与金额等。

（2）操作说明：

① 单击"设备管理"下的"设备交易"或单击主界面左侧的快捷导航按钮中的"设备交易"按钮，如图 5-11 所示。

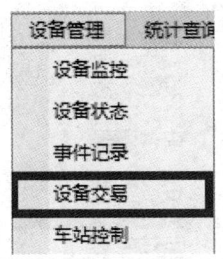

图 5-11 "设备交易"选项

② 弹出"设备交易"窗口，如图 5-12 所示，可以根据选择设备组、设备代码、交易类型等条件，点击"刷新"按钮进行设备交易数据的筛选，也可以点击"打印"按钮将设备交易数据列表导出为 Excel 文件。

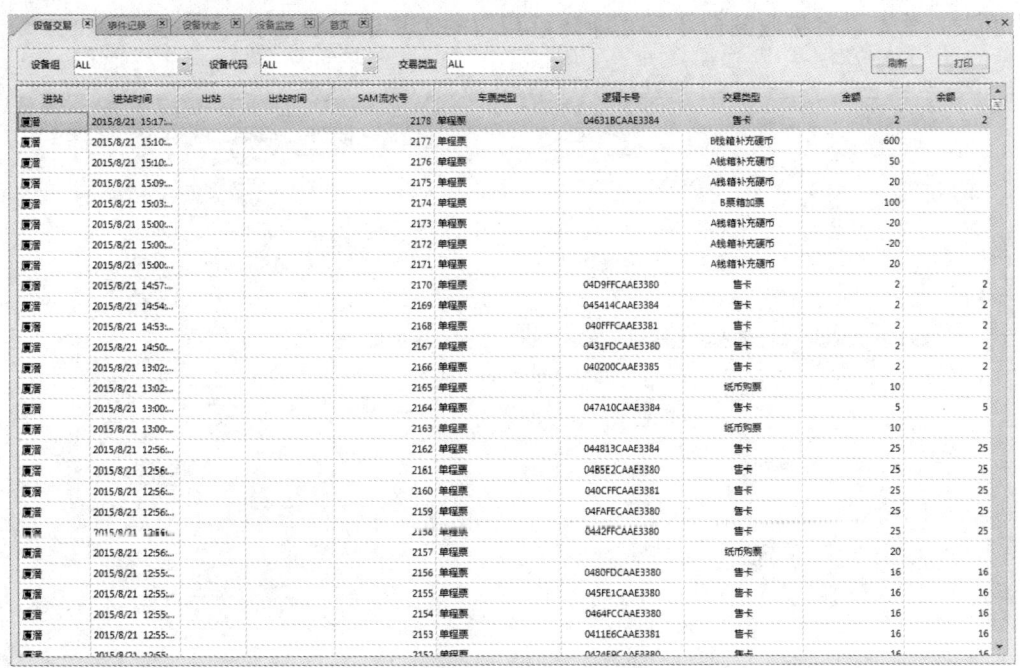

图 5-12 "设备交易"窗口

4. 车站控制

（1）功能：对站内所有设备提供控制。可设置多套设备控制时间表，实现设备自动开始服务、停止服务、闸机通道方向转换；还可设置车站运营模式。

（2）操作说明：

① 单击"设备管理"下的"车站控制"或单击主界面左侧的快捷导航按钮中的"车站控制"按钮，如图5-13所示。

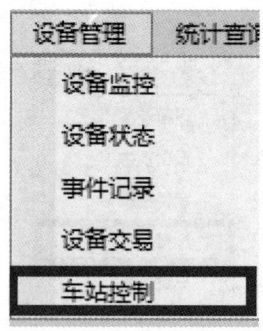

图5-13 "车站控制"选项

② 弹出"车站控制"窗口，如图5-14所示，可以对整站设备进行模式命令下发，主要包含正常模式、紧急模式、列车故障模式、降级模式（进出站次序免检、乘车时间免检、车票日期免检、车费免检）四种模式，点击"发送"按钮即可进行模式命令的下发，站点设备接收到命令后立即执行相应的工作模式切换。

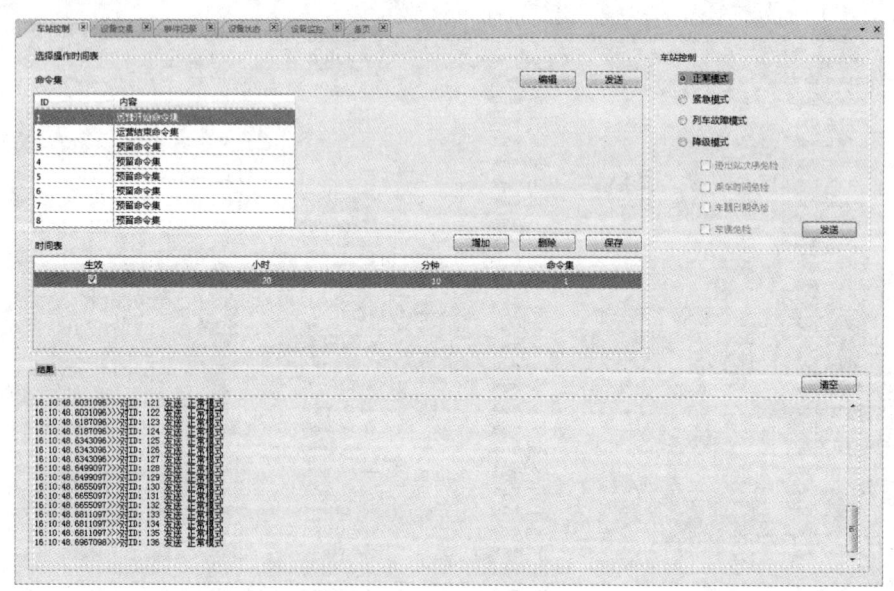

图5-14 "车站控制"窗口

③ 可以对时间表命令集进行编辑、发送，单击命令集右侧的"编辑"按钮，弹出如图5-15所示的窗口，可以对具体设备要执行的命令进行编辑，每个设备命令下拉列

表选择好命令后，点击"保存"按钮，则当前命令集编辑完毕。选中一个命令集点击"发送"按钮则会立即发送该命令集对应的命令，站点设备收到后会立即响应。

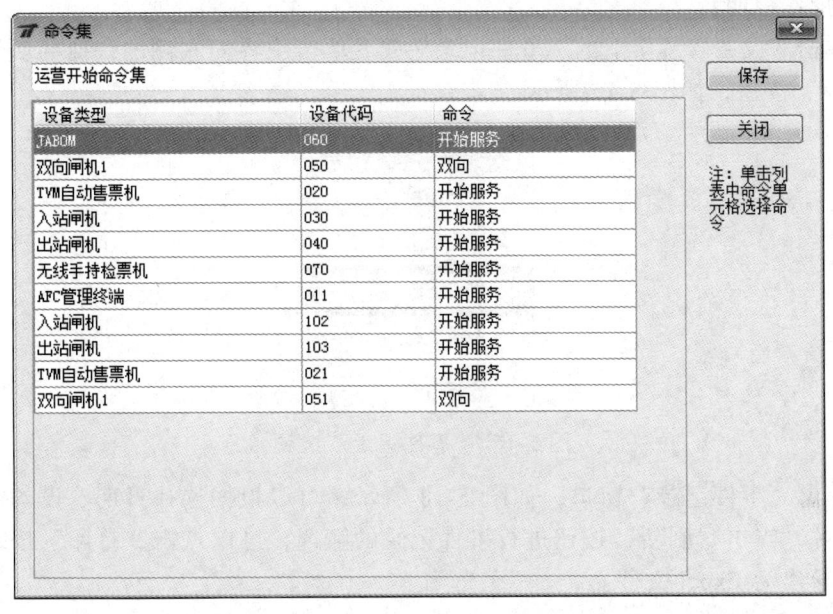

图 5-15　编辑命令集

④ 可以对时间表进行增加、删除、有效性切换等操作，点击"增加"按钮会弹出如图 5-16 所示的窗口，可以设备定时间表的有效性、执行的具体时间以及选择要执行的命令集，点击"保存"按钮则时间表编辑完毕。如果不想让时间表生效，可以在时间表列表中将对应记录的"有效"选项的勾去掉，点击"删除"按钮右侧的"保存"按钮即可。反之亦然。

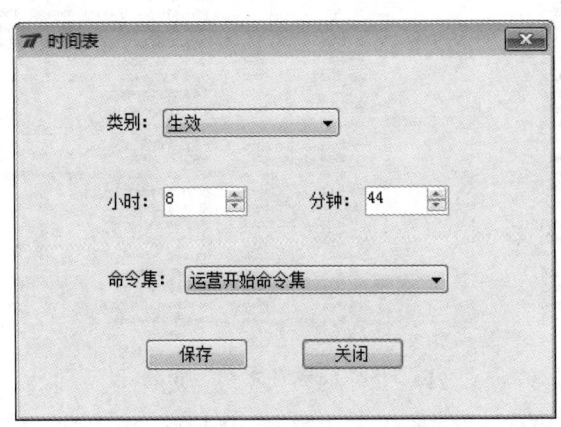

图 5-16　编辑时间集

⑤ 可以清空已经发送过的命令结果，点击"清空"按钮即可。

5. 事件记录

（1）功能：查阅设备状态事件、故障信息记录、运营信息记录、预警信息记录等。

（2）操作说明：

① 单击"设备管理"下的"事件记录"或者单击主界面左侧的快捷导航按钮中的"事件记录"按钮，如图 5-17 所示。

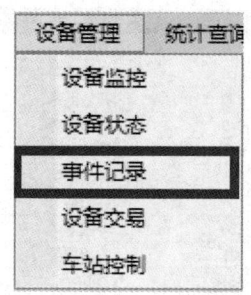

图 5-17 "事件记录"选项

② 弹出"事件记录"窗口，如图 5-18 所示，可以根据选择日期、设备组、设备代码等条件，点击"刷新"按钮进行事件记录的筛选，可以点击"打印"按钮将事件记录列表导出为 Excel 文件。

图 5-18 "事件记录"窗口

③ 可以选择列表的中的一条或多条记录，然后将第一列的选项勾上，点击"删除"按钮会弹出确认删除的提示，如图 5-19 所示，如果需要全部删除，可以选择列表左上角的"全部"选项，然后点击"删除"按钮即可。

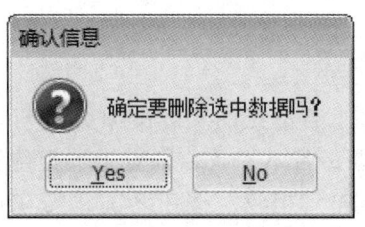

拓展阅读一
SC 输入错误类事件

图 5-19　记录删除提示

任务 2

车站票务管理系统操作

车站计算机票务管理系统是车站票卡及现金库存管理的信息化系统。不同的 AFC 系统供应商提供的 SC 票务管理系统菜单项设计有所不同，但实现功能应相同。具体功能应包括车站票卡管理（配发车票接收、车票上交、站间车票调拨、车票库存查询等）、票款收益管理（TVM 钱箱清点、TVM 补币、BOM 配票款、BOM 预收款、BOM 上交票款、特殊票款管理、备用金管理、补短款、解行管理等）、查询与报表管理（交易查询报表、收益类报表、客流类报表、车票交易类报表、票库管理类报表等）。

一、票务管理

（一）配发车票接收

线路中心向车站配发车票时，在 LCC 系统生成配发单，同时向 SC 系统下发配票消息。当车站收到线路中心票务管理系统下发的配发车票接收通知时，会在系统主界面的状态区中部显示红色提示信息：配发车票接收通知，请打开"票务管理"选择"配发车票接收"进行处理。配票消息以配票单号进行组织，同一个配票单中可以包括多种类型的车票（预赋值车票、非预赋值车票）。

车站收到车票后需清点核对数量。若清点无误，操作员在系统中对线路中心下发的车票消息进行确认接收；若清点后发现数量与下发消息中的数量不一致，可在系统中对配票消息进行拒收，线路中心可重新下发配票消息，或者将车票收回。

操作步骤如下：

（1）在主菜单中选择"票务管理"—"配发车票接收"，功能区显示配发车票接收界面。

（2）操作员在界面上选择适当日期（默认显示当日）和配票单状态，点击"查询"按钮，配票信息栏中显示符合查询条件的配票信息。

（3）单击某一条配票单，或在最左侧列勾选某一条配票单，下方会显示该配票单的车票详细信息。

（4）对于未处理的配票单，若清点的实际配票数量与该配票单上的数量完全一致，则点击"确认"按钮接收配票；若不一致，则点击"拒绝"按钮拒绝接收。如非必要，"拒收"按钮不轻易使用，点击"拒收"按钮之前，需在备注栏中填写处理原因说明，如"因实际清点数与计划配票数相差100张而拒收"。

（5）系统自动将已接收或已拒收的配票信息上传到线路中心。若线路中心没有收到该确认信息，车站可以勾选该条配票单，点击"重传"按钮，将处理信息再次上传。

（6）点击"返回"按钮，将关闭该功能界面，返回主界面。

（二）计划车票上交

当车站收到线路中心票务管理系统下发的计划上交通知时，会在系统主界面的状态区中部显示红色提示信息：收到车票调出通知，请打开"票务管理"—"计划车票上交"进行处理。当线路中心票卡人员到站收取车票时，方可操作"上交"，并打印车票上交单，"计划车票上交"操作方法与"配发车票接收"基本相同。

（三）站间车票调拨

当车站收到线路中心票务管理系统下发的站间调出车票通知时，会在系统主界面的状态中部显示红色提示信息：收到车票调出通知，请打开"票务管理"—"站间车票调拨"进行处理。

车票调拨包括站间调出和站间调入，操作步骤和操作方法与"车票接收"操作相似。

（四）车票库存查询

车站库存在运营结束后由系统自动计算得出，车站进行库存查询时只能查到前一个运营日的库存记录。若想得到当日的库存，可以通过本模块进行当日库存实时汇总。车站需按要求对车票库存进行盘点，并通过本模块将盘点数据录入系统，以避免系统库存与实际库存偏差过大。

操作方法如下：

（1）在主菜单中选择："票务管理"—"车票库存查询"，功能区显示车票库存查询界面。操作员在界面上选择要查找的运营日（默认显示前一日）和票种，点击"查询"按钮，库存信息栏中显示符合查询条件的库存信息。

（2）点击"盘点"按钮，显示盘点界面，其中盘点数量默认显示与系统记录数量相同。根据实际盘点数量按不同票种分别对盘点数量进行修改，最右侧两列会自动计算盘点数量与系统数量的差异，全部修改完成后，填写盘点备注"因××原因，××

票种的实点数与系统数不一致，多/少票××张"，点击"保存"按钮，系统将按照盘点数量更新库存数据。只有运营日是当日时，才能点击"汇总"和"盘点"按钮，盘点车票时，需双人确认。

二、收益管理

（一）TVM 钱箱清点

功能：客值在对回收的纸币、硬币、找零的钱箱进行清点时，将实际清点情况通过本模块将相应信息录入系统，并上传到线路中心。

操作方法如下：

（1）在主菜单中选择"收益管理"—"TVM 钱箱清点"，功能区显示 TVM 钱箱清点界面。选择相应的运营日、钱箱类型、设备、钱箱 ID，点击"查询"按钮，钱箱更换信息栏中显示符合查询条件的钱箱更换信息。

（2）勾选一条未清点的钱箱更换信息，钱箱中的钱币信息自动显示在下栏中，清点人员核对系统显示钱币信息与实际清点情况是否一致。若不一致，根据实际清点数量对钱币信息进行修改，需备注说明情况。清点完成后，选择清点操作员，点击"保存"按钮，清点操作员输入密码确认。

（3）点击"返回"按钮，将关闭该功能界面，返回主界面。

（二）BOM 领用上交管理

功能：对已生成的"BOM 领用上交"记录进行查询、修改、上传操作。

操作方法如下：

（1）在主菜单中选择"收益管理"—"BOM 领用上交管理"，功能区显示 BOM 领用上交管理界面，选择相应的运营日、操作员、领用/上交类型和状态，点击"查询"按钮，领用上交信息栏中会显示符合查询条件的领用上交信息。

（2）对未上传状态的领用上交记录，若发现数据有误，可对相应信息进行修改。勾选相应的领用上交记录，点击"修改"按钮，则右侧现金和车票栏进入可编辑状态，单击任何一条现金或车票的记录，都可对修改后金额或数量进行编辑。

（3）对数据进行相应修改后，在备注栏填写修改说明，例如"因××原因，修改现金/××票种的金额/数量"，点击"保存"按钮，相关操作员输入密码确认后，系统保存修改后的数据。

（4）点击"取消"按钮，可取消修改，返回查询界面。

（三）特殊票款管理

功能：在车站的运营过程中，在票务区域或者设备上拾获的现金，客值、交款人或值站可通过本模块将相关现金录入系统。

操作方法如下：

（1）在主菜单中选择"收益管理"—"特殊票款管理"，功能区显示特殊票款管理界面。

（2）选择上交日期（默认显示当日）、操作员、设备和状态，点击"查询"按钮，特殊票款信息栏中显示符合查询条件的信息。

（3）客值在录入框中选择操作日、操作员、相关设备（如特殊票款与设备不相关则选"—"），填写金额和相关设备备注说明后，点击"保存"按钮，在弹出的确认窗口中，交款人或值班输入密码并点击"确定"按钮后，输入的信息显示在下方"特殊票款信息"栏中。

（4）对未上传状态的特殊票款记录，若发现数据有误，可对相应信息进行修改。勾选相应的特殊票款记录，点击"修改"按钮，则该条信息显示在上方修改框中，可对操作日、操作员、相关设备、金额和备注进行修改。

（5）对数据进行相应修改后，点击"保存"按钮，相关值站输入密码确认后，系统保存修改后的数据。点击"取消"按钮，可取消修改，返回查询界面。

（6）确定录入数据无误后，勾选某一条记录，点击"上传"按钮，可以上传单条记录；勾选特殊票款信息栏左上角的全选框后点击"上传"按钮，可以将全部未上传的记录上传。

（7）在弹出的提示窗口中点击"是"按钮，则上传信息；否则不上传。

（8）若线路中心没有收到已上传的数据，车站可勾选未上传成功的特殊票款记录，点击"重传"按钮，重新上传该记录。

（四）备用金管理

功能：当车站的备用金发生增加或减少时，可通过本模块录入系统并上传到线路中心。

操作方法如下：

（1）在主菜单选择"收益管理"—"备用金管理"，功能区显示备用金管理界面。

（2）客值在界面上选择运营日（默认显示当日）、操作员、调整类型（包括增加备用金和减少备用金）和状态，点击"查询"按钮，备用金调整信息栏中显示符合查询条件的信息。

（3）客值在录入框中选择调整类型，填写金额和相应备注说明，值站或以上人员确认后点击"保存"按钮，在弹出的确认窗口中输入密码并点击"确定"按钮后，输入的信息显示在下方备用金调整信息栏中，在点击"保存"按钮之前点击"取消"按钮，或者在弹出的确认窗口中点击"取消"按钮，可取消本次录入。

（4）对未上传状态的备用金调整记录，若发现数据有误，可对相应信息进行修改。勾选相应的备用金调整记录，点击"修改"按钮，则该条信息显示在修改框中，可对操作日、操作员、相关设备、金额和备注进行修改。

（5）对数据进行相应修改后，点击"保存"按钮，相关操作员输入密码确认后，系统保存修改后数据。点击"取消"按钮，可取消修改，返回查询界面。

（6）确定录入数据无误后，应将未上传状态的备用金数据点击"上传"按钮单条或分批上传到线路中心。未上传成功的数据，可点击"重传"按钮进行上传。

（7）点击"返回"按钮，将关闭该功能界面，返回主界面。

（五）解行管理

功能：车站通常每日将上一日的收益交到银行，客值可以通过本模块将解行的钱款信息录入系统，保存并上传到线路中心。

操作方法：

（1）在主菜单中选择"收益管理"—"解行管理"，功能区显示解行管理界面。

（2）选择运营日（默认显示当日）、操作员和状态，点击"查询"按钮，解行信息栏中显示符合条件的信息。

（3）在做解行操作之前，须确保当日所有票款相关数据都已上传且无法修改，包括BOM领用上交数据、TVM钱箱清点数据、特殊票款数据、补短款数据等。

（4）选择运营日，点击"解行"按钮，录入框中显示所选运营日的解行票款信息。

（5）根据实点票款金额输入实际解行票款，若实际解行票款与应解行票款不一致，在其他增加或其他减少会产生相应的数据，若其他增加或其他减少有数据产生，则应在备注中说明清楚产生的原因，点击"保存"按钮，在弹出的确认窗口中输入登录系统的客值的密码并点击"确定"按钮后，输入的信息显示在下方解行信息栏中。

（6）在点击"保存"按钮之前点击"取消"按钮，或者在弹出的确认窗口中点击"取消"按钮，可取消本次录入。

（7）对未上传状态的交接班记录，若发现数据有误，可对相应信息进行修改。勾选相应的解行记录，点击"修改"按钮，则该条信息显示在上方修改框中，可对实际解行票款进行修改。

（8）对数据进行相应修改后，点击"保存"按钮，操作员输入密码确认后，系统保存修改后的数据。点击"取消"按钮，可取消修改，返回查询界面。

（9）确定录入数据无误后，点击"上传"按钮，将未上传状态的解行数据上传到线路中心。

（10）点击"返回"按钮，将关闭该功能界面，返回主界面。

三、查询与报表管理

（一）数据查询

查询模块可实现进站交易信息查询、出站交易信息查询、TVM交易信息查询、BOM

交易信息查询、钱箱更换信息查询、票箱更换信息查询。

（二）车站报表

功能：可生成车站各类报表，如实时类报表、车票交易类报表、操作类报表、客流类报表和收益类报表等。

实训 5　车站 SC 系统与票务管理系统操作实训

1. 实训目标

（1）了解车站 SC 系统的功能。

（2）掌握对车站 SC 系统的操作。

（3）掌握票务系统操作方法。

2. 实训内容

（1）查询《SC 系统功能及操作》，将各菜单名称、功能及对应操作填写在表 5-1 中。

表 5-1　SC 系统功能及操作

序号	菜单名称	功能	操作
1	设备监控		
2	车站控制		
3	设备状态		
4	事件记录		
5	设备交易		

（2）2 人一组，根据票务系统操作流程（表 5-2），运用轨道运营实训中心现有设备练习票务系统操作，具体包括：

① 增加、修改或审核、作废所选的配发车票记录操作；

② 增加、修改或审核、作废所选的上交车票记录操作；

③ 增加、修改或审核、作废所选的调入车票记录操作；

④ 增加、修改或审核、作废所选的调出车票记录操作；

⑤ 客值交接时修改客值交接班记录操作。

表 5-2　票务系统操作流程

1. 配发车票操作
（1）增加：点击工具栏上的<增加>按钮，根据配发车票数据在对话框中填写相应信息，再点<保存>按钮保存数据。 （2）修改：修改某条数据的数据状态。 　　在主窗口中选中要修改的某条数据，然后点击<修改>按钮，该条数据进行<审核>或<作废>操作，系统自动保存数据。 （3）审核：将未审核的数据状态修改为"已审核"。在主窗口中选中要修改的某条数据，然后点击<修改>按钮，在弹出的对话框中点击<审核>按钮。 （4）作废：将需要作废的数据状态修改为"已作废"。只有"正常"状态数据才能作废。 　　在主窗口中选中要修改的某条数据，然后点击工具栏上的<修改>按钮，在弹出的对话框中点击<作废>按钮。 （5）双击：在主窗体中双击某条数据，实现对该条数据的详细查看
2. 上交车票操作
（1）增加：点击工具栏上的<增加>按钮，根据上交车票的实际数据填写相应信息，保存数据。 （2）修改：修改某条数据的数据状态。在主窗口中选中要修改的某条数据，然后点击工具栏上的<修改>按钮，再根据该条数据进行<审核>或<作废>操作，系统自动保存数据。 （3）审核：将未审核的数据状态修改为"已审核"。在主窗口中选中要修改的某条数据，然后点击工具栏上的<修改>按钮，在弹出的对话框中点击<审核>按钮。 （4）作废：将需要作废的数据状态修改为"已作废"。在主窗口中选中要修改的某条数据，然后点击工具栏上的<修改>按钮，在弹出的对话框中点击<作废>按钮。 （5）双击：在主窗体中双击某条数据，实现对该条数据的详细查看
3. 车票调入操作
（1）增加：点击工具栏上的<增加>按钮，在弹出的对话框中根据要录入的车票调入数据在对话框中填写相应信息，保存数据。 （2）修改：修改某条数据的数据状态。在主窗口中选中要修改的某条数据，然后点击工具栏上的<修改>按钮，对该条数据进行<审核>或<作废>操作，系统自动保存数据。 （3）审核：将未审核的数据状态修改为"已审核"。在主窗口中选中要修改的某条数据，然后点击工具栏上的<修改>按钮，在弹出的对话框中点击<审核>按钮。 （4）作废：将需要作废的数据状态修改为"已作废"。在主窗口中选中要修改的某条数据，然后点击工具栏上的<修改>按钮，在弹出的对话框中点击<作废>按钮。 （5）双击：在主窗体中双击某条数据，实现对该条数据的详细查看
4. 车票调出操作
（1）增加：点击工具栏上的<增加>按钮，在弹出的对话框中填写相应信息，保存数据。 （2）修改：修改某条数据的数据状态。在主窗口中选中要修改的某条数据，然后点击工具栏上的<修改>按钮，对该条数据进行<审核>或<作废>操作，系统自动保存数据。 （3）审核：将未审核的数据状态修改为"已审核"。在主窗口中选中要修改的某条数据，然后点击工具栏上的<修改>按钮，在弹出的对话框中点击<审核>按钮。 （4）作废：将需要作废的数据状态修改为"已作废"。在主窗口中选中要修改的某条数据，然后点击工具栏上的<修改>按钮，在弹出的对话框中点击<作废>按钮。 （5）双击：在主窗体中双击某条数据，实现对该条数据的详细查看
5. 客值交接班操作
（1）增加：在主窗口中点击工具栏上的<增加>按钮，根据需要在弹出的对话框中修改相应的实点金额或实点数量，在确认无误后保存数据。 （2）双击：在主窗体中双击某条数据，查看该条数据的详细信息

3. 评分标准

序号	评分标准	分值	评分
1	团队分工合理，全员参与	25 分	
2	票务系统操作流程正确	25 分	
3	SC 系统功能及操作填写正确	25 分	
4	操作过程中表述清晰、流畅、准确	25 分	
	总计	100 分	

思考与练习

（一）单选题

1. 关于车站计算机监控系统向车站终端设备发送控制命令的说法，以下正确的选项是（　　）。
   A. 只能向单台设备发送命令
   B. 只能向一类设备发送命令
   C. 只能向一组设备发送命令
   D. 可以向单台、一组、一类或全部车站设备下达运行控制命令

2. AFC 系统处于紧急模式时，对车票处理正确的选项是（　　）。
   A. 单程票由闸机回收　　　　　　B. 单程票进行人工回收
   C. 单程票不回收　　　　　　　　D. 闸机对车票写入"紧急模式"信息

3. 当出站闸机和双向闸机全部故障时可设置成（　　）。
   A. 出站免检模式　　　　　　　　B. 进站免检模式
   C. 超程免检模式　　　　　　　　D. 日期免检模式

4. 出站免检模式对车票处理描述错误的是（　　）。
   A. 乘客不需要检票直接出站
   B. 出站免检模式结束后，单程票在规定时间内可再次使用
   C. 持非回收类车票的乘客在规定日期内再次进站时会扣除上次乘车费用
   D. 单程票作废不能再次使用

5. 超程免检模式不检查车票的（　　）。
   A. 余值信息　　B. 日期信息　　C. 里程信息　　D. 进站信息

6. "时间免检模式"的启用条件是（　　）。
   A. 因进站闸机全部故障
   B. 因火灾等紧急情况
   C. 因列车发生故障停运
   D. 因列车延误、时钟错误导致大量持票乘客超时无法出站

（二）多选题

1. 以下关于紧急放行模式说法正确的是（　　）。
   A. TVM 应处于"暂停服务"的状态
   B. AGM 所有扇门处于打开状态
   C. 出站闸机通道方向指示灯闪烁显示"通行"标志
   D. 进站闸机通道方向指示灯闪烁显示"禁止通行"标志

2. AFC 系统下达紧急放行模式命令的方法是（　　）。
   A. AFC 系统下达命令到车站计算机系统，再由车站计算机系统向终端设备下达命令
   B. 车站计算机系统直接下达命令
   C. 通过安装在车站控制室内 IBP 盘的紧急按钮下达命令
   D. 检票机单机也可设置紧急放行模式，主要用于检票机、车站计算机和紧急按钮发生通信故障时使用

3. 设置"运营故障"模式的出站检票机对车票处理正确的选项是（　　）。
   A. 对本站进的单程票不扣除车费
   B. 单程票不回收
   C. 单程票不写入任何信息
   D. 对单程票写入"运营故障"模式信息

4. "进站免检模式"的启用条件是（　　）。
   A. 出站闸机全部故障
   B. 进站及双向检票设备全部故障
   C. 客流集中进站，致使进站检票能力严重不足，危及乘客安全
   D. TVM 全部故障

（三）填空题

1. 车站计算机监控管理系统可以完成对_____及_____的监控管理。

2. 车站计算机系统监控界面一般用图形化标识表示车站各终端设备，通常_____表示设备工作正常、_____表示故障、_____表示一般故障。

3. 在进站免检模式下，乘客不需要检票直接进站。其他车站对于无进站信息车票视为_____进站。

4. 时间免检机模式下出站闸机对所有车票不检查_____，但是仍检查车票的票值、进站码、日期等，所有车票按_____扣费。

5. 车站计算机_____是车站票卡及现金库存管理的信息化系统。

（四）简答题

1. SC 票务管理系统通常分为哪几个模块？各模块包含的主要菜单有哪些？各菜单项的功能是什么？

项目 6 车站票务作业管理

【项目导入】

票务作业作为车站日常工作的重要组成部分,是城市轨道交通运营企业向乘客提供售检服务、完成收益结算及实现财务管理的重要环节,也是企业管理工作的组成部分。

车站的票务作业包括:售票、监票、退票、钱箱操作、乘客事务处理、票务备品备件管手工作内容。票务作业开始于车站运管之前,贯穿整个运营过程,在运营结束之后也仍需进行票款清点汇总、钱箱拆卸等工作。

为了保证城市轨道交通运营企业票款收入的完整,车站工作人员必须保质保量地完成票务作业,这就需要工作人员能全面、扎实地掌握票务政策、票务管理规范等基础知识,熟练运用 AC 系统的车站终端设备进行票务操作。

在本项目中,主要介绍每个运营日票务作业岗位的工作流程、具体的售票、监票、钱箱作业内容和流程以及备品备件的管理,最后通过案例讲述了乘客在车站的常见票务问题的分所方法和解决办法,希望在能保证票款收入完整的同时,为乘客提供满意的服务。

【知识目标】

1. 掌握各岗位在一个运营日中票务工作的工作流程。
2. 掌握人工售/补票作业的工作内容和工作纪律。
3. 掌握监票作业的工作流程和工作要求。
4. 掌握退票作业的作业内容和作业流程。
5. 掌握钱箱更换、TVM 加币的时机和作业要求。
6. 掌握钱箱内现金清点的作业要求。
7. 掌握车站备品备件管理方法和要求。
8. 掌握乘客票务问题的分析方法和解决办法。

【能力目标】

1. 能够进行 BOM、TVM 售检票作业。

2. 能够熟练钱箱更换及钱箱内现金清点作业流程和基本要求。
3. 能够熟练地进行票箱的更换作业。
4. 能够进行乘客票务事务处理。
5. 能够进行车票、现金、钥匙交接、保管作业。

【建议学时】

20学时。

任务 1

车站票务岗位职责

车站票务
岗位职责

1. 站长

（1）总体负责管辖车站的票务管理工作，确保管辖车站的票务运作顺畅。

（2）负责管辖车站的车票、现金、票据、票务钥匙及票务备品等安全。

（3）检查、监督、落实管辖车站的票务工作。

（4）负责车站票务突发事件情况下的应急处理。

2. 值班站长

（1）协助站长负责车站票务管理工作，确保本班票务运作顺畅。

（2）负责本班车票、现金、票据、票务钥匙及票务备品等安全。

（3）负责票务管理室闭路监控系统的日常管理和监控。

（4）检查、监督、落实本班员工的票务工作。

（5）值班站长和客运值班员合岗时，值班站长需履行客运值班员的工作职责。

（6）执行紧急情况下的票务运作模式。

3. 客运值班员

（1）安排并监督站务员的票务工作。

（2）保管票务管理室的车票、现金、报表、票据、票务备品、票务钥匙。

（3）负责车站票款或备用金的解行、与银行的打包返纳工作。

（4）负责给售票员配票、配备用金及结账。

（5）完成票务报表、台账的填报及存档。

（6）客运值班员顶岗售票员时，客运值班员需增加履行售票员的职责。

（7）执行紧急情况下的票务运作模式。

4. 行车值班员

（1）负责通过综合 SC 监控系统平台监控站级 AFC 设备运作情况。

（2）负责跟踪 AFC 设备的运作，并做好报修及记录工作。

（3）保管车控室的票务钥匙。

（4）执行紧急情况下的票务运作模式。

5. 售票员

（1）负责当班的售票工作。

（2）保管当班报表、单据、现金、车票、票务钥匙及票务备品。

（3）完成票务报表的填报。

（4）售票员和厅巡合岗时，售票员需增加履行厅巡的职责。

（5）执行紧急情况下的票务运作模式。

6. 厅巡

（1）引导乘客正确操作票务设备。

（2）巡视车站 TVM、GATE/AGM、CVM、云购票机的运作情况。

（3）检查乘客车票的有效性。

（4）及时回收乘客遗留车票。

（5）负责紧急情况下边门的开放和指引。

任务 2

日常票务作业流程

一、运营前的票务准备作业

日常票务作业流程

拓展阅读—票务差错

拓展阅读—主要票务违章行为

（一）TVM 运营前作业

车站必须保证运营开始时有足够的 TVM 投入服务，每日运营开始前，车站必须对 TVM 补充单程票和找零现金，一般由客运值班员为 TVM 补充车票、找零硬币和纸币，同时手写《车站 TVM 加票、回收、清点记录表》，由两人在场清点并签字确认，同时将补充数量通过 TWM 维修面板录入 AFC 系统，并将相关信息正确录入 TVM。

给 TVM 补充找零备用金和单程票的过程分为两步：第一步，值班员和站厅巡视在车站管理及设备区 AFC 室清点、核对相应数量的现金和单程票，加入钱箱票箱并上锁；第二步由一名客运值班员和一名站务员将上锁的钱箱、票箱放入上锁的票务手推车，推到站厅 TVM 背后打开维修门和卡座，放入钱箱票箱并打开（为了防止监守自盗，一般情况下，随着钱箱票箱盖的打开卡座自动锁闭使钱箱票箱不能从 TVM 取下，保证钱票安全），如表 6-1 所示。

表 6-1 TVM 补币补票作业操作流程

序号	操作模块	操作流程	具体内容
1	系统登录	作业准备	双人准备足量补币钱款、单程票票卡分别装入硬币、钱箱、单程票票箱，并将其放置在票务运营小车推至需要加币、加票的 TVM 前，设置暂停服务牌
		开门操作	用钥匙打开设备后维护门
		登录	在维护面板输入用户名、密码，系统登录成功
2	补币操作	补充硬币	选择补充硬币选项，进入补充硬币操作界面
		补充纸币	选择更换纸币找零箱选项，进入补充纸币操作界面
		数量确认	在加币界面中输入需要加币的数量，确认数量正确后，选择确认该操作
3	补票操作	补充单程票	选择补充单程票选项，进入补充单程票操作界面
		数量确认	在补充单程票界面中输入需要加票的数量，确认数量正确后，选择确认该操作
4	系统退出		加票、加币完成后，从维护面板退至主菜单界面，选择注销退出，并确认该操作。关闭维护门，确认整机状态恢复正常后，撤除暂停服务牌，操作结束

（二）开站作业流程

车站在开站前具体准备工作涉及岗位人员包括值班站长、行车值班员、站台岗、售票岗等。在首班车到站前 30 分钟左右，车站行车值班员（简称行值）对道岔进行测试，开启环控系统并检查其运行状况，安排人员测试屏蔽门功能、检查站台和线路出清情况，并向行车调度汇报检查结果。售票员需前往车站票务管理室领取票务用品，与客运值班员（简称客值）核对配置的车票和现金，核对无误后准备开窗售票。车站值班站长视察全站以及各个出入口。在首班车到站前 10 分钟左右，行车值班员打开全部车站照明开关，开启车站 AFC 设备，值班站长将各出入口大门以及电扶梯打开，站台工作人员领齐备品到岗准备接发车。首班载客车到达车站后，车站正式开始运营服务。

（三）售票员配票及开窗售票作业

1. 客值为售票员开窗配票

（1）当日首班售票员在行车值班员处领取车站票务中心及 BOM 钱箱钥匙，并做好钥匙借用登记。

（2）售票员到车站票务室打开售票盒，按照《售票员结算单》备用金及各种车票配备数量逐一清点。

（3）清点无误后，售票员及客运值班员分别在《车站售票员配票及结账现金明细表》"售票员""客值"处盖章；售票员及客运值班员分别在《客运值班员交接班本》"售票员"及"值班员"处盖章；售票员及客运值班员分别在《售票员结算单》配备用金金额后面盖章，共同确认配备现金及车票正确无误。

（4）售票员领齐售票盒挂锁和钥匙后，将售票盒放入上锁的手推车中，由客运值班员陪同。

2. 售票员开窗售票

开窗售票售票员售票前使用自己的密码、操作号登录 BOM。

售票时必须遵守"一收、二唱、三操、四找赎"的步骤；

（1）"一收"：指收取乘客票款。

（2）"二唱"：指讲出票款金额，重复乘客要求的购票张数和车票类型。

（3）"三操作"：指检验钞票真伪，在半自动售票机 BOM 上选择相应功能，处理或出售车票。

（4）"四找赎"：指清楚讲出找零的金额和返还给乘客的车票张数，将找零和车票一起交给乘客。

车票在交给乘客之前，必须使用 BOM 进行分析，确保每一张车票有效，并通过显示屏请乘客确认。

若售票员中途离开车站票务中心时可不退出 BOM，但必须在视线范围内，且随时监控车站票务中心情况。BOM 不在视线范围内时（如上厕所），则必须将 BOM 退出，且厅巡在该端站厅处引导乘客，报车控室后方可离开。

若车票、备用金不足时，售票员必须及时通知客运值班员，要求补充，并在《车站售票员结算单》《客运值班员交接班本》注明。做好交接工作需要有人顶岗时，不允许借用车票、现金，顶岗人必须使用自己的密码、操作号登录 BOM。

售票员必须将本班所有现金、车票、报表放入上锁的售票盒中。

二、运营过程中的票务作业

（一）TVM 运营间作业

在运营过程中，TVM 操作主要包括:乘客正常购票，更换将满的钱箱和将空的票箱，对卡币卡票、发售无效票等故障情况的处理。一般情况下，乘客自助购买单程票，给储值票充值，站厅巡视岗的主要工作就是指导乘客使用TVM购票，建议在指导过程中不要接受乘客的现金或票，以免引起不必要的纠纷。

1. TVM钱箱的更换和清点作业

（1）更换钱箱的时间。

① 通过SC查询TVM钱箱将满时。

② 运营期间，在TVM乘客显示屏显示钱箱将满的故障代码时。

③ 结合本站具体情况制定固定时间。

④ 运营结束后，需尽快完成钱箱清空清点相关工作。

（2）更换钱箱的注意事项。

① TVM的钱箱分为纸币钱箱和硬币钱箱，由客运值班员负责更换。更换纸币钱箱、硬币钱箱的操作由客运值班员和值班站长共同完成。

② 客运值班员负责具体操作，值班站长负责协助、监督和安全保护。

③ 各站必须结合本站具体情况制定更换钱箱的作业线路。

④ 更换纸币钱箱、硬币钱箱时须确认乘客完成操作并设置暂停服务牌。打开自动售票机维修门时必须输入操作用户名和密码，登录成功后选择相对应的操作选项。

⑤ 更换钱箱完毕后，锁闭维修门，应先确认TVM已恢复正常服务，再立即将钱箱送返车站AFC票务室进行清点，同时须收好设备打印单据，以备对账时使用。

（3）钱箱的清点。

① 钱箱清点工作由当班客运值班员和值班站长双人负责，值班站长负责监督，客运值班员负责清点。

② 进行钱箱内现金的清点作业时，必须在指定的视频监控范围内进行，纸币钱箱与硬币钱箱需分开并逐一进行清点。

③ 在清点过程中若发现钱款有明显的失真特征或可通过验钞机识别为伪钞的，值班站长确认后做好记录，与客运值班员双方签字确认加封。

④ 清点结果由客运值班员负责填写相关台账，在运营时间内更换钱箱，在《车站TVWM加票、回收、清点记录表》上进行如实登记，值班站长负责签认。

⑤ 运营结束后回收所有钱箱，现金清点结果应登记在《车站TWM加票、回收、清点记录表》的"实点金额"栏中，同时认真核对设备打印的TVM结算单与实际清点的现金数量是否一致，由客运值班员和值班站长双人签字确认。

⑥ 发生钱箱清点票款与设备打印结算单不符时：通过调取录像资料若可以证明清点钱箱的全程操作是在规定的监控范围内，且经检查自动售票机未存在异常，则损失由公司承担。若不能证明清点钱箱的全程操作是在规定的监控范围内，则损失由点钞者个人承担。若可以证明清点钱箱的全程操作是在规定的监控范围内，经检查自动售票机存在异常，则由相关部门进行妥善处理。

⑦ 次日，由当班的客运值班员负责将全部票款一并交解行车站的票务员。从封存

票款至送至解行车站票务室途中,由送报的客运值班员负责票款的安全保管。

2. TVM 补币作业

(1) 补币时间。

① 每天运营开始前 1 小时。

② 运营期间,当 SC 上 TVM 设备状态显示找零钱箱将空时。

③ 运营期间,在 TVM 显示器上显示"找零不足"相关信息时。

④ 车站根据具体情况需求时。

(2) 为 TVM 补币的注意事项。

① 车站将用于补充找零的一元硬币清点到补币箱,补币箱不足时可用钱袋代替。运营期间每天 TVM 的补币数量可根据客流情况确定,但必须为 100 的整数倍。纸币模块故障或未投入使用时,可选择补如 10 的整数倍。

② 用于补币的硬币必须在票务室的摄像监控状态下由客运值班员和值班站长双人共同清点和加封。在清点过程中,每台 TVM 的补币清点数量必须在点钞室监控系统下进行读数。

③ 由票务员和值班站长共同负责硬币补币工作。

3. TVM 补票作业

(1) 补票时间。

① 每天车站运营前 1 小时。

② 运营期间,在 SC 上查询 TVM 售票情况,判断票箱将空时。

③ 运营期间,在 TVM 的显示屏上显示"车票不足"相关信息时。

④ 车站根据时间情况需要时。

(2) 补票的注意事项。

① TVM 的补票工作由客运值班员与另一名站务员共同负责。

② 补票的其他注意事项同补币过程。

(二) 售票员配票及结账作业

1. 配票前客运值班员准备工作

① 将《乘客事务处理表》《特殊车票退款表》(视车站情况配相应张数)放在售票盒底部。

② 清点备用金:硬币装入钱袋,袋口收扎好;纸币装在票盒内,按大小金额放置。

③ 根据硬币及纸币金额,客运值班员填写《车站售票员配票及结账现金明细表》日期、班次及各面值配备数量;在《客运值班员交接班本》中配出纸币以及硬币进行记录;在《售票员结算单》对备用金配备情况进行登记。

④ 客运值班员在《售票员结算单》和《客运值班员交接班本》中对于行李票及其他车票配备情况进行登记。

2. 客运值班员给售票员配票

① 当日首班售票员在行车值班员处领取车站票务中心及 BOM 钱箱钥匙，并做好钥匙借用登记。

② 售票员到车站票务室打开售票盒，按照《售票员结算单》备用金及各种车票配备数量逐一清点。

③ 清点无误后，售票员和客运值班员分别在《车站售票员配票及结账现金明细表》的"售票员"及"客值"处盖章；售票员和客运值班员分别在《客运值班员交接班本》的"售票员"及"值班员"处盖章；售票员和客运值班员分别在《售票员结算单》配备用金金额后面盖章，共同确认配备现金及车票正确无误。

④ 售票员领齐售票盒挂锁和钥匙后，将售票盒放入上锁的手推车中，由客运值班员陪同上岗。

3. 客运值班员给售票员结账

① 清点所有的现金后，客运值班员将各面值回收数量填写在《车站售票员配票及结账现金明细表》中，并在《客运值班员交接班本》中记录本班回收纸币和硬币的情况，在《售票员结算单》中记录实收总金额（实收总金额=清点金额+预收款金额－配备用金金额－备用金追加增配金额）。

② 逐一清点各票种并对"关窗张数""售出张数""废票张数"及"售出金额"进行记录；按充值金额不同，清点充值次数和充值次数累加记录，金额及次数相乘之和为充值总金额。

③ 上交单据：售票员结账时需要将交通卡充值小单、票箱卸载更换小单、正常情况下单程票退票小单等一并上交客运值班员。

④ 加封上交车票：

A. 当日需上交回收箱中的储值票、执法过程中的弃置储值票、车站在票务运作中发现已折损或变形的单程票等，由客运值班员用小信封按规定加封归整放入"废票钱袋"；

B. 当日需上交的乘客事务的车票、特殊情况下的单程票退票、正常单程票退款、发售不成储值票等与其对应小单，由售票员与客运值班员用小信封按规定加封归整放入"退款钱袋"；

C. 随报表上交的车票与相应的报表装订到一起。

⑤ 客运值班员填写《车站营收日报表》。

（三）乘客事务处理

常见乘客
事务处理

乘客事务处理是指车站 BOM、TVM、CVM 或 GATE/AGM 在提供正常服务过程中，因乘客自身或其他特殊原因造成乘客无法正常进出闸机、在 CVM 充值失败时、云购票机异常引起的事务处理规定。乘客事务处理一般在客服中心由售票员处理，涉及特殊乘客事务处理，需客运值班员及以上级别的车站工作人员到现场审批确认。

常见的乘客事务处理主要包括车票超时、超程、车票在非付费区有进站码、车票在付费区无进站码、无票（含遗失车票）、故障票、TVM 卡币/卡票、云购票机扣款未出票等。具体处理规定见表 6-2。

表 6-2　常见乘客事务处理规定

序号	项目	售票员处理
1	车票超时	① 单程票：现金收取出闸站线网单程最高票价超时车费后，原票上进行超时更新，乘客持原票出站。 ② 储值票："现金收取"出闸站线网单程最高票价超时车费后，原票上进行超时更新，乘客持原票出站，闸机扣除一次乘车费用
2	车票超程	单程票超程：收取超程金额，原票上进行超程更新，乘客持原票出站
3	车票在非付费区有进站码	车票进站为当天本站且进站时间在 20 分钟内（注：不同地铁公司规定时间不同），免费更新票卡，乘客持原票进站。 车票进站为当天且时间超过 20 分钟或进站时间为非当天的处理如下： ① 单程票：回收车票投入人工回收箱并请乘客重新购票。 ② 储值票：扣除票种单程最低票价，更新票卡，乘客持原票进站
4	车票在付费区无进站码	根据乘客描述补录进站码，免费更新车票，乘客持原票出站，闸机扣除市民卡一次乘车费用。 乘客反映已刷卡（含单程票回收）但未及时出闸，予以发售免费出站票
5	无票（含遗失车票）	对无票或持无效车票乘车的乘客（注：在付费区遗失车票视为无票乘车），发售全程票价付费出站票，无效单程票予以回收。 一名成年乘客可免费携带一名身高不超过 1.3 米的儿童，携带的儿童超过 1 名的，按超过人数购票。身高超过 1.3 米的儿童须凭有效车票乘车
6	经 BOM 分析无法读取信息的故障票	① 单程票：须回收车票，乘客如在非付费区，根据乘客反映的购票情况须报客值处理，必要时退还乘客购票车费，请乘客另行购票；乘客如在付费区，则给予免费出站。 ② 储值票：乘客如在非付费区，请乘客另行购票；乘客如在付费区，询问乘客进站站点，按单程票价发售同程付费出站票
7	TVM 卡币/卡票	TVM 出现少出票、卡币或少找零的情况，需由值班员及以上级别人员与车站另一名员工双人核实办理。 如果有故障打印小单，故障发生次日起至七日内，车站则按照故障小单反映的实际情况退还现金给乘客，车站报通号调度。 如果没有故障打印小单，非当日乘客反映设备卡币、卡

续表

序号	项目	售票员处理
7	TVM 卡币/卡票	票，车站不予办理。当日乘客反映设备卡币、卡票，车站报 AFC 维修人员现场处理： 若情况属实，故障发生次日起至七日内，则通过 BOM 直接退还现金给乘客，车站须在 BOM 的退款小单上注明："（AFC 姓名）已现场处理，情况属实"，客值签章确认。 若情况不属实，车站做好乘客的解释工作。如果故障小单上的内容与实际不符，售票员认真审核故障小单内容，并向乘客了解情况，报值班员及以上处理。值班员及时通知 AFC 人员确认后，按实际给乘客办理
8	云购票机扣款未出票	若有故障小单，告知乘客可用手机扫描故障小单的二维码做退款处理，或告知乘客换用其他云购票机取票设备扫描二维码取票。 若无故障小单，由车站人员核实扣款信息，查看乘客支付宝或微信扣款的订单号，将订单号电话致中软公司，由中软公司核实后微信退款给乘客。若无订单号，做好乘客解释服务工作。 原则上车站 BOM 不处理涉及云购票退款业务

（四）交接班作业

1. 售票员交接班作业

售票员交接班必须由客运值班员或以上级别人员到场监督，具体交接班流程如下：

（1）接班售票员将上锁的票盒放在客服中心后（车站可划定专门区域，避免与其他员工票盒混淆），并在客服中心外面等候交接；

（2）交班售票员将"暂停服务"牌摆在乘客对讲窗口（负责监控交接的人员要检查确认是否执行），期间如发生乘客事务，应请乘客稍等，或引导乘客去另一票亭；

（3）交班售票员整理好报表、单据（装入信封）、问题（单独装入信封），收齐现金装入票盒，退出 BOM 并将票盒上锁；

（4）客运值班员与交班售票员共同确认收齐所有的现金、车票、单据、报表，BOM 钱箱内无遗留硬纸币现金，且已退出 BOM；

（5）接班售票员进入客服中心上岗，先检查确认无车票、现金等遗留后登录 BOM；

（6）交接双方及监控人员确认物品齐全，状态完好，并完成票务备品、工器具、对讲设备、客服中心钥匙、BOM 现金屉钥匙等交接，交接确认无误后双方在《售票员交接班本》签字确认。

售票员交接班作业时应注意：

（1）交接班时间安排在车站非高峰期，减少客服中心交接班时对乘客服务的影响；

（2）接班售票员按时到岗接班，交班售票员在交班前做好交班有关准备工作；

（3）乘客事务未处理完成时，严禁办理交接手续；

（4）交班售票员在交班时必须确认 BOM 已退出，接班人必须用自己的工号及密码登录，防止发生票务违章事故。

2. 客运值班员交接班作业

客运值班员之间交接时须在值班站长监督下进行交接班，交班客运值班员根据票务管理室里的实际车票数量、现金、发票、票务钥匙、备品及工器具等进行交接，与《客值交接班》《值班员交接班本》上填写的内容进行核对。如有异常须备注说明，并立即报值班站长。具体交接班内容如下：

（1）现金交接：现金交接分纸币和硬币两部分进行。纸币需在监控区域范围内，双方当面清点金额后签认交接。用砂纸、信封加封的纸币，如加封及印章、签字完整，可凭加封金额交接。硬币则在监控区域范围内，对已加封的硬币交接时，确认加封正确完好后可凭加封金额签认交接；对零散硬币按实点数签认交接。交接时若发现现金有误，应立即报当班值班站长及以上级别人员到票务管理室确认，车站需对长短款原因进行调查，若差额原因无法查明，则短款由交班客运值班员当场补齐，长款随当天票款解行，同时须在《客值交接班》进行调整。

（2）车票交接：交接时检查每袋（盒）车票封条是否完好，如发现该袋车票有破损或漏封的暂不使用该袋车票，车站调查漏封或破损原因后按异常票务事件流程汇报。在清点车票时发现站存车票有误，按实点数交接车票，立刻报值班站长及以上级别人员到票务管理室确认清点，并根据实际清点数量录入《客值交接班》，并在《车站售票/存票日报》上注明问题车票的数量、相关车票的加封人、加封时间和加封内容，交接双方人员签名（盖章）确认。同时客运中心牵头调查，并在 3 个工作日内将调查结果报票务中心。交班客运值班员将需要上交或调配的车票及其他异常情况向接班客运值班员讲明，同时在《值班员交接班本》《车站售票/存票日报》作相应备注。

三、运营结束后的票务作业

（一）关站作业

1. 运营后 SC 相关工作

运营结束后，值班站长监督并协助客运值班员进行自动机具票箱、钱箱及其他票款的清点工作，并监督客运值班员封存当日的全部票款，同时核对报表及台账，帮助客运值班员做好次日运营准备。

所有作业均已完成后，指挥行车值班员通过 AFC 车站计算机系统（SC）关闭车站终端设备，结束本站全天服务。

2. 运营结束后 TVM 相关工作

运营后的 TVM 操作主要包括回收清点纸币回收箱、硬币回收箱和票箱，TVM 售票数据在回收、清点过程中自动计入 AFC 系统，同时客运值班员需填写《车站 TVM 加票、回收、清点记录表》，应保证系统数据、报表数据和实际清点金额相一致。

回收 TM 的票箱和钱箱的过程由客运值班员和具有票务权限的员工共同完成，回收 TVM 的票箱和钱箱并记录机读数。回收时注意票款的安全。回收后清点实数，清点票款必须在票务室摄像监控下开箱、清点，严禁在摄像监控外打开纸币、硬币回收箱。填写《车站 TVM 加票、回收、清点记录表》，并录入票务系统，将闸机废票录入票务系统中。

3. 结束后 BOM 相关工作

售票员应在本站最后一列车到站前 3 分钟停止 BOM 售票作业，以免发生购票乘客不能上车的问题。当班售票员确认数据上传完毕后，退出 BOM 登录系统。售票员查看票务处（客服中心）是否还有遗留闸机废票未回收，BOM 机是否按规定已关闭，票亭门窗是否关好。售票员清理结束后，立即携带本班所有的现金、车票（包括废票箱内回收的车票）及各类报表回票务管理室。售票员与客运值班员在监控范围内共同清点现金、各票种车票，自行清点后填写《车站售票员配发、回收票款单》并完成相关报表和台账的填写。客运值班员需核对售票员交回的《车站售票员配发、回收票款单》与票务系统中"售票员配票款"是否一致，有无录入错误或未录入的事项。客运值班员清点售票员下班上交的各种车票的张数、票款、备用金，清点无误后，双方确认，由客运值班员将数据录入到票务系统或填写到相关报表台账中，同时检查售票员当班的所有报表是否全部交回且填写正确、完整，结算后填写《车站营收日报》。

（二）钱箱、票箱回收及清点作业

1. 钱箱回收及清点

（1）钱箱回收。

纸币回收作业流程如下：

① 将备用纸币回收箱拿到需要更换纸币回收箱的 TVM 前。

② 打开维护门并正确登录，进入维护功能主菜单，选择"更换钱票箱"→"更换纸币回收箱""钱箱信息"功能，点击确认按钮打印单据，取下纸币回收箱，将备用纸币回收箱安装到位，选择更换钱箱功能，输入纸币回收箱 ID。

③ 将卸下的纸币回收箱和卸载单据拿回票务室进行清点核对。

硬币回收作业流程如下：

① 将备用硬币回收箱拿到需要更换纸币回收箱的 TVM 前。

② 打开维护门并正确登录，进入维护功能主菜单，选择"更换钱票箱"→"更换硬币回收箱""卸下回收箱"功能，取下硬币回收箱，点击确认按钮打印单据，选择"安装回收箱"功能，选择将备用金币箱安装到位。

③ 将卸下的纸币回收箱和卸载单据拿回票务室进行清点核对。

（2）钱箱清点。

钱箱清点是收益管理的重要环节，必须严格把控。通常，涉及硬币及金钱的清点必须在车站票务管理室由负责客运的值班人和另外一名站务人员两人共同完成。

清点钱箱时，相应的钱箱、钱袋、硬币清点机和纸币清点机必须放在安全区域，整个清点过程必须受到监控装置的监控。若监视系统发生故障造成无法按程序清点钱箱，须由一名值班站长及以上职务人员和车站客运值班员两人一起逐一清点。整个清点过程中，除紧急情况不得离开票务管理室。

钱箱清点流程如下：

① 检查确认硬币清点机、纸币清点机模式为所需的模式。

② 站务人员向客运值班员报告钱箱编号，以备核实。

③ 站务人员打开钱箱，将硬币倒入点币机内清点，纸币钱箱由客运值班员取出清点（纸币找零钱箱清点前，客运值班员和站务人员按面值进行清分，且必须正反面各清点一次）；客运值班员与站务人员共同确认钱箱内无遗留纸硬币，站务员负责锁闭钱箱并放入已清点存放区域。

④ 站务人员和客运值班员共同确认清点金额。若清点金额与显示金额不一致，则须进行二次清点，并按实际清点金额填记《TVM 钱箱清点记录表》；清点存在大额差异时，值班站长需到现场确认核实。

⑤ 使用铅笔在钱箱更换单据上划钩，以示清点（如有差异，记录实点金额）。

⑥ 清点中，纸币清点机报警的钱必须取出并经人工鉴别真伪。

⑦ 全部清点完毕后，站务人员和客运值班员按照补币所需金额清点出数袋次日需补充的硬币加封；纸币按 100 张捆扎加封以备次日补币所用。加封规范参照车站运作相关规定，且须注明加封内容、加封车站、加封人和加封日期。

⑧ 全部清点完毕后，值班站长确认 AFC 系统车站计算机录入数据与《TVM 钱箱清点记录表》实点金额一致。在清点过程中，若发现假币、机币等异常情况，需要在"钱箱清点报告"备注栏注明，并将相应假币、机币用专用信封加封后随报表上交。

2. 票箱回收及清点

（1）票箱回收。

票箱回收作业流程如下：

① 打开维护门，输入员工 ID 及密码；选择"卸下 A 票箱"；操作结束要签退；当选择"卸下 A 票箱"后，票箱 A 指示灯由"常亮"变为"闪亮"。

② 推回对应票箱盖板并将锁打至"关"的位置。推回及拉出票箱，插入钥匙顺时针扳动至"开"的位置；逆时针扳动至"关"的位置。

③ 向下拨动"拨动开关"，使托槽下降。拨动开关位于票箱的底端，向上拨动是使托槽上升，向下拨动是使其下降。

④ 逆时针拨回"杠杆"，双手取下票箱，将装满单程票的票箱拆卸下后，更换上

空的票箱。

（2）票箱清点。

各种车票的清点方式如下：

① 单程票：对整包加封的单程票，当班客运值班员确认加封正确完好后凭加封数量交接；对零散的单程票，车票配送员与当班客运值班员须共同清点单程票数量，确认无误后办理签收交接手续。

② 预制单程票：客运值班员与车票配收员负责将预制单程票按售出期限、票价分开摆放后，在监控仪点币状态下用点票机逐盒进行清点交接。每开封清点完一盒并双方及时加封后，方可清点下一盒车票。

③ 计次票、纪念票：客运值班员与车票配收员负责将预制单程票按售出期限、票价分开摆放后，在监控仪点币状态下用点票机逐盒进行清点交接。每开封清点完一盒并及时加封后，方可清点下一盒车票。

④ 纸质车票：对整包加封的纸质车票，当班客运值班员确认加封正确完好后凭加封数量、纸票编号交接；对零散的纸票，车票配送员与客运值班员应当共同清点纸票数额，确认无误后使用信封加封并办理签收交接手续。

（三）运营结算作业

车站运营结束后，值班站长负责监督、指导客运值班员完成结算作业。票款结算作业主要包括AG、TVM票箱清点作业，TVM钱箱清点作业以及售票员结算作业。

1. AG、TVM票箱回收作业

闸机回收票箱的作业条件有以下几条：

（1）每日运营结束后进行作业。

（2）在运营过程中，经查询票务管理终端，闸机设备状态标记为"票箱将满"或"票箱已满"的信息时进行作业，或各站根据具体情况制定的更换闸机票箱的固定时间安排。

（3）该项作业须不少于2人，其中一人必须是车站值班员岗位及以上级别人员，另一人必须是站务员岗位及以上级别人员。

2. 清点TVM、AG单程票

在车站TVM补票记录表、车站票卡库存日报表中记录实际清点数量。客运值班员在SC录入数据。以每箱1000张放入TVM补票箱并锁闭，放置于车站票务室保管。TVM补票箱装满后，余下的车票按封装要求用布袋装好以备用。清点本班除乘客事务处理以外的无效票，用专用信封封装，加盖客运值班员和站务员（厅巡或客服中心岗）签章后放入上交区。

任务 3

现金管理

一、车站现金日常管理

（一）车站现金来源

车站现金构成

车站现金主要由两部分组成：一是用于车站日常票务运作的备用金，二是车站的票款。车站现金流通路线如图 6-1 所示。

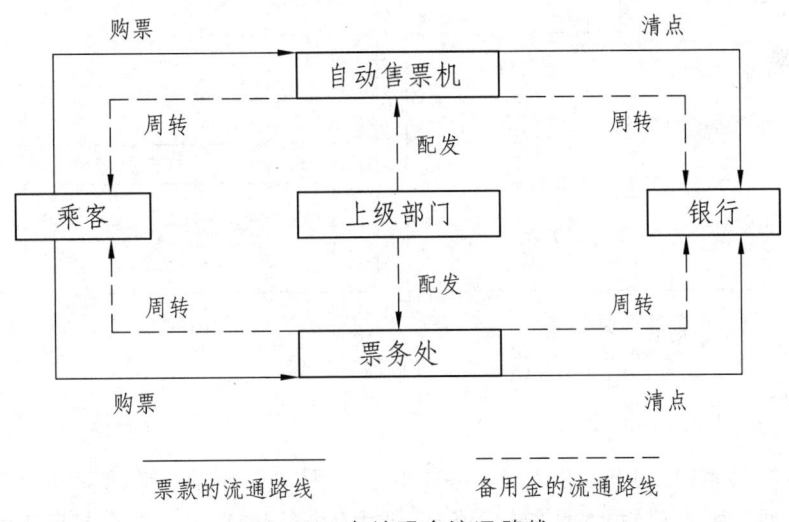

图 6-1 车站现金流通路线

1. 票款

票款是指乘客通过 TVM、BOM 或临时售票处人工发售的车票及办理票卡充值、更新等售票、补票业务过程中，运营企业收取的现金。

2. 备用金

备用金是指上级部门专门配发于车站，用于给乘客兑零、找零、自动售票机补币以及银行兑零等用途的周转资金。

（二）车站现金加封

所有现金的加封由参与清点的人员负责。对银行兑零硬币、售票员剩余的已开封硬币及票务管理室内散币的规整,均需在监控安全区域下清点、读数和加封。现金可用布袋、信封、砂纸加封,加封效果必须保证一经破封即无法复原。

1. 布袋加封

使用票务专用布袋加封时,车站需确保布袋口用绳子缠绕扎紧后再用封条缠绕加封。封条上需注明加封金额、加封车站、加封人和加封日期。现金用布袋加封时,布袋里的现金无须封条加封。

2. 信封加封

使用票务专用信封加封时,应采用"工"字加封,如图6-2所示。加封前,先在票务信封的正面注明加封金额、加封车站、加封人和加封日期。加封时,先将信封口封住,在信封背面封条骑缝处及封面上盖章,用透明胶将信封背面的接缝处封住。

信封可加封纸币。加封纸币仅限于对同一面额不足100张的,按面额大小归整后放入信封内进行加封。

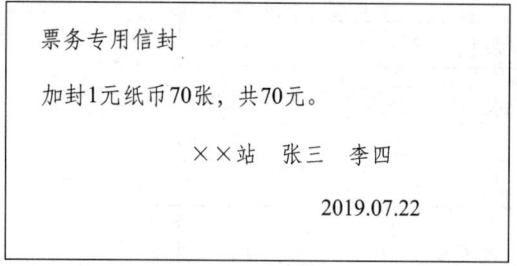
(a)信封正面

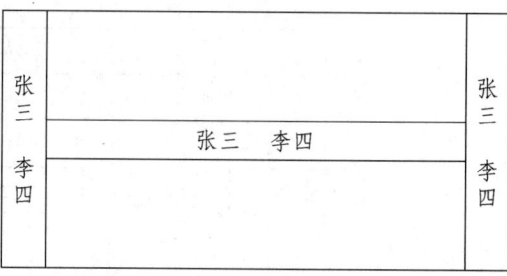
(b)信封背面

图6-2 信封加封示意图

3. 砂纸加封

使用砂纸加封时,应采用"一"字加封,如图6-3所示。将现金用砂纸一字型缠绕后加封(不需装入信封),且加封后确保纸币无法从中抽出,并在封条上注明加封内容、加封车站、加封人和加封日期。

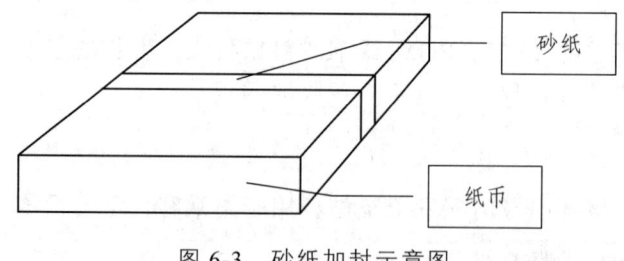

图6-3 砂纸加封示意图

(三)现金安全管理

车站现金只能存放在现金安全区域。车站现金安全区域包含票务管理室、客服中心（含临时票亭，以下同）、TVM、CVM。车站存放现金的保险柜及硬币柜应保持锁闭状态。售票员在保管现金时，应将现金放在乘客接触不到的地方，并做好现金的保管和防盗工作。车站发现站存现金不符时，应将情况逐级上报。涉嫌票务事故的事件，客运中心需将情况报票务中心，并按《运营分公司票务稽查管理办法》处理。

1. 票务管理室现金安全管理规定

（1）票务管理室随时保持锁闭状态（票务管理室门需锁闭）。

（2）票务管理室有当值客运值班员时，除车站票务工作人员、票务管理人员、AFC维修人员外，其他人员必须得到当班值班站长及以上级别人员的许可方可进入票务管理室。客运值班员离开票务管理室时，票务管理室内所有人员必须随同离开，不得逗留。

（3）除现金交接、钱箱清点外，其他时间票务管理室内所有现金只能存放在保险柜（票款和备用金分开放置）、硬币柜（仅限存放加封好的硬币）、待清点钱箱或已加锁的解行封包、硬币补充箱、纸币找零箱。用于 TVM 补币的硬币、纸币，清点完毕应及时补充到 TVM 中。因特殊情况无法及时补币时，需要放在票务管理室监控安全区域，特殊情况处理完毕后应及时完成补币。

（4）车站现金保管须设置票款区和备用金区并分类摆放。

2. 客服中心现金保管规定

（1）客服中心应随时保持锁闭状态（临时票亭除外，但车站需随时监控临时票亭的安全情况）。

（2）客服中心有当值人员时，除当班票务工作人员、站长、票务管理人员外，其他人员必须得到值班站长及以上级别人员的许可后方可进入；无当值人员时，任何人员进入须得到值班站长及以上级别人员的许可，由一名客运值班员及以上的人员陪同方可进入。运营结束后，客服中心现金车票已清空且客服中心监控设备可正常监控时，AFC 维修人员进入客服中心可无须陪同。

此外，现金需从一个安全区域转移到另一个安全区域以及送银行解行时，必须放入锁闭的钱箱、票盒或手推车中，由两名车站站务人员负责运送并保证运送途中的安全。

二、车站现金交接管理

1. 现金交接原则

（1）纸币：在监控范围内，双方当面清点金额后签字确认交接。

（2）硬币：在监控范围内，对已加封的硬币交接时，确认加封正确完好后可凭加封金额交接；对零散硬币按实点数交接。

2. 客值之间的现金交接

（1）接班客值应依据《值班员交接班本》上的记录在监控范围内与交班客值当面

清点票务管理室内所有现金、核对封包数量及金额等，确认无误后进行签收。

（2）交接时若发现数目有误，应立即报站长或当班值班站长到票务管理室确认，同时按实际数量进行签收。站长或值班站长应及时上报站务、票务和安保部门并调查处理此事。若差额原因无法查明，则所短款金额由交班客值补足，长款随当天票款解行。

3. 客值与售票员之间的现金交接

（1）结账时的票款交接：客值与售票员在监控范围内当面清点所收款项后，由客值以实点数填写《售票员结算单》的"实收金额"栏，双方盖章确认，现金由客值保管。

（2）预收票款的交接：客值向售票员收取预收票款时，双方当面清点和交接所预收的款项后，客值在《售票员结算单》上签收。

（3）备用金的交接：客值与售票员交接备用金时，双方当面清点确认后，在《售票员结算单》上的"备用金"栏填写金额，双方盖章确认。

三、车站备用金管理

车站备用金分为半自动售票机操作人员备用金和自动售票机找零备用金。车站票务备用金的使用必须严格执行财务制度，遵循专款专用的原则，不准挪作他用。

车站票务备用金必须放入专门的储币柜或保险柜加锁进行保管。备用金出入库必须有值班站长和客运值班员双人在场，值班站长负责交接储币柜外门钥匙，客运值班员负责交接储币柜内门钥匙。

四、票款解行

票款解行是指票款从车站转交到银行的过程，即车站将票款收入存在企业在银行的专用账户上的过程。票款收入一般要求每日按时解行，不得在车站过夜保管，解行方式有直接解行和打包返纳两种。

1. 直接解行

直接解行是指由车站清点票款，并由车站人员送到银行，银行工作人员与交款人员当面清点票款，返还现金送款单的解款方式。这种方式适用于有驻站银行的车站。

直接解行的优点在于能及时、准确地监控城市轨道交通车站收益票款环节，及时发现解行票款正确与否。但存在的不足是票款可能需要较长时间的运送，安全性不高，在银行的办理过程也会受到其他客户的影响。

2. 打包返纳

打包返纳是指由银行或押运公司到车站收取票款运送到银行，银行工作人员按规定清点票款后于次日返还现金送款单，最终确认送行金额的解款方式。

打包返纳与直接解行不同的是利用了专门的配送机构，提高了运送途中的安全性，大大减少了票款解行时间。但银行入账凭证会延迟返还，如在票款解行的过程中遇到问题不能及时发现，配送工作由银行或专门的押运公司完成，均需要签订相关协议，甚至需要缴纳一定费用，必然会增加运营成本。

封包解行流程：

（1）核对确认解行人员的身份。

（2）与解行人员双方共同确认封包数量、票款金额与银行《封包明细表》的一致性，同时确认相关台账记录的"解交银行款"金额与银行《封包明细表》的金额相一致。

（3）核对无误后，与解行人员办理交接手续。

五、假钞的处理

（一）客服中心收到假钞的处理

车站客服中心进行现金交易时，需要使用相应的设备进行钞票真伪的识别。同时，票务工作人员还需要通过人工方式对钞票真伪的基本特征进行确认，若设备识别或人工识别任一种方式发现是假钞或无法确认真伪的钞票时，都应立即退还乘客，并请乘客另换一张。

结账、缴款过程中发现收到假币时，若假币无法被车站验钞机正确识别（即验钞机当作真币识别），则相应票款损失由公司承担；若假币能够被车站验钞机正确识别（即验钞机识别该币为假币），则损失由相应责任人承担。

人工作业收取假钞应遵循"谁收取谁补还"的原则。

在实际票款收缴过程中还会遇到错款问题，即实际所收现金与应收票款存在差异的情况。当出现错款情况时，人工作业遵循"长款上缴，短款自负"的处理原则。若由于设备故障引起差款（例如，BOM机车票批处理过程中应发售单程票20张，因设备实际只发出15张，而设备记录发售20张），则相应款损失由公司承担；银行在款清点过程中发现所收现金与应收票款存在差款时，相应损失由票款包封包人承担。

（二）自动售票机收到假钞的处理

一旦自动售票机收到假钞，必须立即停用该自动售票机。对于TVM收取的票款必须全程在监控设备的监控下进行清点，清点过程中保持高度警惕，遇到假钞或有假钞嫌疑的钞票时，应该在监控摄像下做出近景特写，并且做好相关记录，公司负责承担相应的票款损失，必要时公司将组织调查。

当TVM收取的票款差额在应收金额的0.03%以内时，可由公司承担相应损失。当超出规定范围时，公司会联合多个票务相关的部门组成调查组，对事件进行专项调查并提出处理意见。此外，设备所收的长款应上缴。

（三）遇到假钞或疑似假钞的处理办法

收到假钞或疑似假钞时建议采用如下方法处理，避免和乘客正面冲突引发矛盾。

（1）当收到假钞或疑似假钞时，应用委婉的语言告知乘客："不好意思，您的钞票不能被机器识别，请您另换一张好吗？"不要直接断言乘客所持钞票为假钞，要照顾乘客的情绪。

（2）若乘客执意不换，应该请乘客监督，将该钞票的币种、编码（又称冠字号码）抄录下来，并请乘客确认、签字，并留下乘客身份证上的地址、身份证号码以及乘客的联系方式。

（3）向乘客说明此钞票明日将送往银行进行鉴别：如是假钞，将会通知您，您必须前来支付票款，该币将按规定被银行回收；如不是假钞，我们将会登门向您道歉，并如数找零，谢谢配合。

实训 6-1　车站现金加封实训

1. 实训目标

掌握现金加封的形式及其要求。

2. 实训内容

（1）实训准备：

实训前，实训指导教师与小组长共同做好以下实训准备工作：

① 现金准备：不同面值的练功纸币。

② 加封材料准备：2个信封，2个布袋，适量数目的砂纸，1瓶胶水。

（2）实训过程：

2人一组，按照布袋、信封、砂纸三种加封形式的要求，对现金进行加封操作，现金加封完成后交给指导老师检查是否合格。

3. 评分标准

序号	评分标准	分值	评分
1	团队分工合理，全员参与	25分	
2	加封操作流程正确	25分	
3	加封内容填写完整	25分	
4	整体完成情况良好	25分	
	总计	100分	

任务 4

车票管理

一、车票交接管理

（一）车票调配管理

1. 票卡保有量

车票管理流程

为满足运营需要，确保售票、发卡工作不间断，各车站票卡的保有总量应为：

"一票通"票：本站单程票最高日售票量×3。同时，兼顾车站售票类设备的总量，以提高终端设备服务率。

"一卡通"卡：本站日发卡量×14。

车站"一票通"票库存量的安全阈值为车站单程票库存基数（"一票通"票保有量的±20%），即当车站票卡库存量大于基数的20%时，涨出部分应当上缴；而当车站票卡务的存量小于基数的20%时，不足部分应及时予以补充。

为确保车站票卡库存量达到安全库存阈值范围，公司所属各单位必须在实时掌握车站票卡库存变化信息的基础上，及时启动票卡调配工作。

2. 调配要求

在进行票卡调配作业时，要求必须使用公司配发的专门容器；同时，要求配送人员在进行票卡配送途中，严禁办理私事或与票务无关的业务。出入库的双方均须对票卡进行认真清点，并如实在系统的"库存管理"中进行登记。如在车票配送、接收的过程中发生车票损坏、遗失或数量不符的情况，应由双方当事人签名确认情况，同时根据情况分别报营销部和安质部。

车票调配共分为三个等级，当出现票卡流向不均衡的状况时，应由低到高依次启动票卡调配工作：

在站区内部各车站间进行的票卡调配称为"一级调配"。"一级调配"由各站区自组织，车票的调配数量必须经过车票库存管理系统，并做好台账登记。

管辖线路内站区与站区间进行的票卡调配称为"二级调配"。当"一级调配"不能达到安全阈值范围时，站区应及时向分公司营销部提出申请，由分公司营销部负责发起票卡"二级调配"。

与非管辖线路所属单位进行的票卡调配称为"三级调配"。如"二级调配"后车票保有量仍不均衡，由AFC指挥中心负责发起票卡的"三级调配"。

如启动票卡的"三级调配"工作后，仍然不能彻底解决票卡流向不均衡状况或出现中心的票务中心的票卡库存低于安全库存阈值的情况，则由 AFC 指挥中心负责向 ACC 申请领用新票。

3. 调配流程

"一卡通"车票的调配仍遵循现行标准，由分公司营销部根据所辖线路内车票使用情况及保有量，向 AFC 指挥中心提出配票申请。"一票通"车票的调配流程为：车站 AFC 综合作业岗根据本站票卡实际使用情况、本站存保有量，向所属站区提出票卡申领计划；站区汇总后根据所辖各站的实际库存情况组织"一级调配"；如"一级调配"后仍有车站不能达到安全阈值，站区事务员书面向分公司营销部提出票卡申领计划；分公司营销部经过整理汇总后，根据各线路的实际库存情况组织发起票卡的"二级调配"；如进行"二级调配"后仍不能达到安全阈值，分公司营销部书面向 AFC 指挥中心提出票卡申领计划，由 AFC 管理中心负责组织发起票卡的"三级调配"。

（二）车票上交管理

1. 车票配收员到站回收的车票

（1）车票配收员到站回收的车票包括溢出车票、预制单程票、车站设备废票、待清洗车票等定回收的车票，由车票配收员到车站回收。

（2）票务管理部门负责通知车站需回收车票的种类、数量，客运值班员按要求提前准备好车票，并填写《车票上交单》。车票配收员到站后根据《车票上交单》对有值车票当面清点数量，并进行抽检，确认无误后签收；无值车票回收后，在票务室交接室监控仪确认完数量，将《车票上交单》返回车站。

2. 车站每日随报表上交的车票

（1）当日需上交的回收箱中储值票、执法过程中的弃置储值票、车站在票务运作中发现已损或变形的单程票等，由客运值班员用小信封按规定加封，随报表上交。

（2）当日需上交的乘客事务的车票、特殊情况下的单程票退票、正常单程票退票、发售不成储值票等与其对应小单，由售票员与客运值班员用小信封按规定加封，随报表上交。

（三）车票库存管理

1. 库存分级

"一票通"票的库存建立指挥中心、AFC 指挥中心、车站三级票卡库存。三级票卡库的总量为全线单程票最高日售票量的5倍，其中：指挥中心保有1倍，AFC 指挥中心保有1倍，全线各车站保有3倍。"一卡通"卡的库存分为站区和车站两级。站区库存由站区事务员负责，主管票务的站区领导负责监督检查；车站库存由 AFC 综合作业员负责,站区事务员负责监督检查。

2. 库存监控

营销部作为专业职能部门,负责指导、检查所辖线路各车站的车票库存管理工作,帮助各站区采用申领、调配、下发等手段确保"一卡通"卡的保有量能够满足运营需求,"一票通"票的库存量符合规定的安全阈值。

各站区必须密切监视运营票卡和储备票卡的库存水平,实时掌握票卡数量的动态变化信息,注意根据所辖各车站的票卡库存水平,适时发起站区内部调配以满足运营需要。

各站区应指定专人负责所辖各站的票卡库存数量的统计分析,发现账物不符情况应及时查明原因并上报营销部进行核查。

3. 库存存放

各车站的储备票卡必须按规定存放于车站 AFC 票务室(或储票室)。

各车站的 AFC 票务室(或储票室)必须加装防盗门(窗)、远红外报警器、视频监视系统等安保监控设施,人走必须按规定设防,以确保票、款安全。

票卡必须放入储票柜、票卡箱或专用的容器进行集中保管,禁止单张散放。

储票柜内的票卡码放应按介质种类、票种、赋值、批次进行分类,有序码放,禁止混乱堆叠。

为防止因重压造成票卡芯片损坏、缩短票卡生命周期,要求"一票通"票的库存票卡以"箱"作为包装单位时应保证垂直叠放数量不超过 2 箱,以"盒"作为包装单位时应保证垂直叠放数量不超过 3 盒。

4. 库存盘点

每月设一个固定的日期,各站区统一进行运营票卡和储备票卡的清查盘点,以便准确掌握本单位票卡库存总量,确保本单位的车票保有量能够持续满足运营要求。库存盘点的第二天,以站区为单位将单程票盘点结果书面报营销部。

实训 6-2 车站与车票配送组交接作业实训

1. 实训目标

(1)掌握车站与车票组间车票交接的管理规定。
(2)掌握配票时车站票务台账的填写要求。
(3)掌握车票上交时车站票务台账的填写要求。

2. 实训内容

(1)实训准备:

每组准备2元、3元、4元、5元预制单程票各10张，过期5元预制票10张，废票3张。

（2）实训过程：

2人一组，一人扮演车票组配送员，一人扮演A站客值。根据以下情境，完成车站与车票组之间的车票交接操作实训。

情境：2019年××月××日，车票组配送员X给A站配送2元、3元、4元、5元预制单程票各20张，与客值Y办理车票交接，同时A站上交过期5元预制票10张、TVM废票3张，按规定办理交接，并在票务系统录入《客值交接班》，同时在《车站售票/存票日报》《值班员交接班本》《车票上交单》上做好记录。

3．评分标准

序号	评分标准	分值	评分
1	团队分工合理，全员参与	20分	
2	配票交接操作流程正确	20分	
3	车票上交操作流程正确	20分	
4	票务台账报表填写正确	20分	
5	操作过程中表述清晰、流畅、准确	20分	
	总计	100分	

任务5

票务台账管理

一、台账的种类

车站常见报表

票务台账管理是指对现金交接、收益汇总、车票交接、车票发售、车票库存的票务报表进行记录、汇总、管理的工作过程。这是结算部门进行收益结算的原始数据，因此在票务工作中起着非常重要的作用。

台账主要有：TVM补币/补票记录表、车站备用金使用台账、客值交接班记录本、客服中心交接记录本《闸机车票回收记录表》《TVM/云购票机单程票补票回收记录表》《解行布袋运送交接记录本》《发票使用登记簿》《票务工器具站存记录表》等。

二、台账的填写方法与要求

（一）纸质报表的填写说明

票务台账填写

（1）纸质报表必须用蓝色或黑色笔填写，字迹清晰、工整，不得潦草。
（2）阿拉伯数字应一个一个地写，不得连笔书写。
（3）属于过底的纸质报表用圆珠笔填写，须写透，避免上面清楚、下面模糊；属于非过底的纸质报表可用圆珠笔、钢笔或签字笔填写。
（4）填写数字金额栏时，小数点后无数字应以"00"或"/"或"—"表示。
（5）填写人员和审核人员必须亲自签字或用私章确认。

（二）报表改错规定

因票务报表是车站现金交接、收益汇总、车票交接、发售与站存的原始台账及站务员收益计算的原始依据，一经相关当事人填写完毕，原则上不得更改。更改应遵循以下要求：

（1）必须用"划线更正法"进行更改，即在报表中错误的文字或数字上划上一条红线以示注销，然后在该处盖上更改人员名字修正章或者签字以示负责。不得刮擦、挖补、涂抹或用化学药水更改字迹。
（2）一张报表更改超过3处时应作废，作废的报表应加盖"作废"戳记。
（3）收益审核员在核对报表时发现填写发生错误时，应立即电话通知填写当事人确认，当事人接到电话后，须按规定时间内到票务室按规定当面更改填写错误处。

三、台账的保管

（1）车站应定期按台账分类，检查完整后装订成册。
（2）设立专门的台账保管室对台账进行统一保管，以确保台账的安全。
（3）车站所有台账的保管年限一般为1~2年；各种售票类设备机打水单保存期限为3个月；与应急纸票相关的售票、检票、车票库存及应付台账应长期保存，保管期限满后由相关部门统一注销和销毁，严禁私自进行报表注销、销毁，以防泄露商业机密。

任务6

车站票务备品、票务钥匙与发票管理

一、车站票务备品管理

1. 车站票务备品分类

车站票务备品主要包括：硬币补充箱、硬币回收箱、纸币回收箱、废钞箱、纸币找零箱、车票补充箱、废票箱、车票回收箱、闸机票箱、人工回收箱、点钞机、验钞机、点币机、点票机、票币清分机、纸币清分机、便携式验票机、售票盒、尾箱、票务手推车、针式打印机、点币盘、发票盒、票务专用章、日期章、作废章、银行账号章、银行账户名章等用于车站票务运作的工器具。

2. 车站票务备品管理规定

（1）票务备品由车站当班客运值班员全权负责保管。备品统一由客运中心负责更换和采购。

（2）车站需设置台账记录备品的数量和状态。车站票务备品情况统一在《票务工器具站存记录表》中作相应记录。

（3）车站使用票务专用手推车前要确认状态良好后方可使用。使用时不要碰伤自己或乘客，同时要注意保护好车站其他服务设备设施，避免损坏。

（4）车站人员在使用票务备品时，需轻取、轻放，正确使用票务备品，保持票务备品清洁，避免损坏备品、伤及自己或他人。

（5）放在高处的票箱、钱箱需靠墙摆放，以免落下造成损坏。

（6）票务备品的盘点：车站应根据车站物资材料管理规定每月15号对票务备品进行盘点，并填写盘点台账。盘点后，将盘点情况复印随报表上交。

二、车站票务钥匙管理

1. 票务钥匙分类

（1）AFC设备钥匙：TVM/CVM/云购票机门钥匙、硬币补充箱钥匙、硬币回收箱钥匙、TVM/CVM纸币回收箱定锁钥匙、TVM/CVM纸币回收箱开启钥匙、TVM纸币找零模块钥匙、车票模块钥匙、云购票机二维码、云购票机补票钥匙、闸机钥匙、BOM维修钥匙。

（2）非AFC设备钥匙：人工车票回收箱钥匙、票务管理室门钥匙、客服中心门钥匙、保险柜钥匙（长、短）、硬币柜钥匙、票柜钥匙、预制票柜钥匙、发票柜钥匙、储物柜钥匙、资料柜钥匙、文件柜钥匙、钱箱货架柜钥匙、电脑桌抽屉钥匙、手推车钥匙、边门钥匙、客服中心保险柜钥匙、客服中心收银柜钥匙、客服中心抽屉钥匙。

2. 票务钥匙保管规定

（1）日常使用的票务钥匙由值班员及以上人员保管，其他备用钥匙由站长加封后保管。

（2）TVM门钥匙由客运值班员、行车值班员保管，日常情况由客运值班员使用或借给AFC维修人员维修TVM时使用。节假日（如五一、国庆节等节假日）期间或车站出现大客流情况，TVM门钥匙可以借给值班员及以上使用，用于协助处理乘客事务、更换钱箱、补币、补票等。

（3）钥匙借出后，借用人负责钥匙的保管和使用安全。

3. 票务钥匙使用规定

（1）不得单人同时使用以下票务钥匙（非运营期间，AFC 人员单人维修 TVM 时除外）。

① TVM 门钥匙与硬币补充箱钥匙。

② TVM 门钥匙与纸币找零箱钥匙。

（2）钥匙使用后的归还遵循"从哪借到哪还""谁借谁还"的原则，钥匙使用完应立即归还。

（3）运营结束后保管人需对保管钥匙进行清点，确认全部归还。

（4）AFC 人员维修使用纸币找零箱钥匙、硬币补充箱钥匙时车站人员须陪同，车站人员只能在维修陪同期间，同时掌握 TVM 门钥匙、硬币补充箱钥匙、纸币找零箱。AFC 维修人员单独维修期间需将设备内现金全部清出。除此情况外，AFC 维修人员只能借用 TVM/CVM 门钥匙。

三、发票管理

（一）发票的种类

城市轨道交通运营中一票通单程票使用的发票为单程票报销凭证，由公司财务部提供。储值票充值使用的发票为普通 1C 卡充值发票，由一卡通公司提供。各类发票均应由专人妥善保管，不得丢失，凡因保管、交接不当造成发票或存根丢失的，一律按照丢失有价票证纳入公司绩效考核；凡参与倒卖发票者，一律解除劳动合同。

城市轨道交通运营企业所使用的发票分为定额发票和手写发票两种，由于定额发票方便、快捷、容易规范，所以使用频率较高。

"一卡通充值定额发票"在充值交易时，由票务员按交易金额主动提供给乘客。购买单程票时，票务员应按照票面金额主动提供"单程票报销凭证"给乘客。若乘客事后索取一卡通发票，售票员原则上不应该给予，并告知乘客应该在充值时主动索取。

一般情况下，城市轨道交通运营企业使用的"一卡通充值定额发票"面值为：10元、20元、50元、100元、200元、500元。"单程票报销凭证"面值为：1元、2元、3元、4元、5元、6元、7元、8元、9元。

手写发票由于使用不便，一般来说城市轨道交通运营企业较少使用。手写发票由车站站长负责管理，领用手写发票须凭原发票存根联到客运主管部门调换，并做好交接工作。开票人员需要按照手写发票的具体填写要求正确、真实、如数填写，做到填写内容完整，大小写金额一致。手写发票如需作废，应在四联一起写上"作废"字样，不可撕下丢弃（已撕发票也应重新粘上）。车站对用完的发票应保证整本发票联号，不得缺号、缺张。发票作票卡报销凭证，票务员不得开具与票卡销售无关的报销内容。

（二）发票的申领和换发

发票应按照"整体领用、适量配发、及时更换"的原则进行管理，站区级发票库存由站区事务员负责，车站级发票库存由当班 AFC 综合作业员负责，岗位发票由当班票务员负责。

站区事务员负责站区发票的申领、换发工作，随时掌握所辖各车站发票的使用情况。

申领发票应按下列规定办理：

（1）站区事务员根据站区所辖各车站发票使用情况及时向公司营销部进行发票申领。

（2）单程票报销凭证及 1C 卡充值发票应本着不低于本站区 45 天用量的前提下向公司营销部提出书面申请。

（3）发票送至站区时，应认真核对发票种类、数量及起止号，确认无误后，在站区《发票领用交接台账》上进行记录。

换发发票应按下列规定办理：

（1）站区事员凭发票存根进行换发。

（2）换发发票时，应认真核对发票种类、数量及起止号，确认无误后，双方签字确认。

（3）换发发票后，事务员应及时在站区《发票领用交接台账》上进行登记。

（4）站区务员对于收回的发票存根，应填写《发票回收单》，并以 300 本为一箱，按面值分箱进行封装、送交。

（三）发票的交接、库存及使用管理

发票的交接、库存及使用管理票的交接、库存及使用管理，按下列要求办理：

（1）车站领用发票时，由 AFC 综合作业员填写车站《发票领用交接台账》，站区事务员填写站区《发票领用交接台账》，核对无误后双方签字确认。

（2）车站发票下发时，AFC 综合作业员填写车站《发票领用交接台账》，票务员填写《发票交接登记簿》，核对无误后双方在车站《发票领用交接台账》签字确认。

（3）发票使用时，票务员应根据发票的开具情况填写《售票员发票交接登记簿》。

（4）交接班时，AFC 综合作业员和票务员均应进行发票的交接，填写相应台账。

（5）票务员应根据 IC 卡充值金额如实开具发票，不得虚开发票；在交给乘客发票的同时，在机打水单上应注明"已开发票"。

（6）运营时间内，各站的售/补票室内应准备单程票报销凭证，票务员根据乘客购票张数如实开具发票，不得虚开发票。

AFC 综合作业员应按下列规定办理车站发票换领及存根回收工作：

（1）整本发票使用完毕后，票务员将发票存根上交 AFC 综合作业员，AFC 综合作业员负责更换新的发票，双方核对无误后在《发票领用交接台账》上进行签字确认。

（2）AFC 综合作业员将发票存根上交站区事务员，站区事务员负责为其更换新的发票双方，核对无误后在车站《发票领用交接台账》上进行签字确认；单程票报销凭证的领用、发放应填记《发票领用交接台账》。

实训 6-3　客运值班员为售票员开窗配票及办理结账实训

1. 实训目标

（1）掌握客运值班员为售票员开窗配票的管理规定。
（2）掌握客运值班员为售票员办理结账的管理规定。
（3）掌握《售票员配票款结算单》的填写要求。
（4）掌握《售票员结算单》的填写要求。

2. 实训内容

（1）实训准备：
① 教师为每组准备不同面值的练功纸币作为备用金。
② 每组自行准备单程票 10 张，2 元、3 元、4 元、5 元预制票各 10 张。
③ 每组自行准备信封 1 个。

（2）实训过程：

2 人一组，一人扮演客值，一人扮演售票员。根据以下情境，完成客值为售票员开窗配票及办理结账实训。

情境：2019 年××月××日，A 站客值 Y 给售票员 Z 开窗配票，配备用金 300 元，单程票 10 张，2 元、3 元、4 元、5 元预制票各 10 张。售票员 Z 8 点开始登录 BOM1，当班期间处理乘客票务事务如下：

① 因乘客事务处理共发免费出站票 3 张；
② 一乘客来客服中心反映 TVM01 少找零 3 元，经查情况属实，退给乘客 3 元；
③ 发售 2 元预制票 5 张，3 元预制票 7 张，4 元预制票 2 张，5 元预制票 6 张；
④ 处理一乘客超时，补收出闸站线网单程最高票价进行票卡更新；
⑤ 处理一乘客超程，补收 2 元进行票卡更新；
⑥ 因列车故障，乘客在付费区办理退 5 元单程票 2 张。

当班结束后，售票员 Z 与客值 Y 办理结账。根据以上情境，和客值为售票员开窗配票及办理结账的管理规定，完成以下实操内容：
① 完成客值为售票员开窗配票及办理结账的操作流程。
② 对乘客退的 2 张 5 元单程票用信封进行加封操作。
③ 在票务系统填写《售票员配票款结算单》并打印。
④ 填写《售票员结算单》。

3．评分标准

序号	评分标准	分值	评分
1	团队分工合理，全员参与	20 分	
2	配票操作流程正确	20 分	
3	结账操作流程正确	20 分	
4	票务报表台账填写正确	20 分	
5	操作过程中表述清晰、流畅、准确	20 分	
	总计	100 分	

实训 6-4　客运值班员核算当日运营收入

1．实训目标
（1）掌握《车站营收日报》的填写要求。
（2）掌握《特殊情况票款交接记录表》的填写要求。

2．实训内容
情境：2019 年 7 月 24 日，A 站早班 TVM 补币 5000 元（纸币 3000 元，硬币 2000 元），TVM 回收票款 7289 元，售票员结算共回收票款 296 元，补交短款 5 元；晚班 TVM 补币 3000 元（纸币 2000 元，硬币 1000 元），TVM 回收票款 16 487 元，从 TVM03、05 分别取出卡币 20 元、1 元，在 TVM 外部拾到 3 元，售票员结算共回收票款 437 元，从 CVM 回收 3500 元。晚班客值 Y 与早班客值 X 交接时有长款 2 元。晚班值站为教师。

请根据以上情境完成以下操作：
（1）按照以上数据完成 2019 年 7 月 24 日的相关报表。
（2）计算 2019 年 7 月 24 日 A 站运营收入，填写《车站营收日报》《特殊情况票卡交接记录表》。

3. 评分标准

序号	评分标准	分值	评分
1	团队分工合理，全员参与	25分	
2	核算操作流程正确	25分	
3	票务台账报表填写正确	25分	
4	操作过程中表述清晰、流畅、准确	25分	
	总计	100分	

实训6-5　车站一日票务运作实训

1. 实训目标

（1）掌握城市轨道交通车站客运值班员、售票员等票务相关岗位的工作职责。

（2）掌握车站一日的票务运作流程。

（3）掌握《TVM补币记录表》《值班员交接班本》等票务台账的填写要求。

2. 实训内容

（1）实训准备：

① 每组准备100元纸币1张，50元纸币1张，20元纸币2张，10元纸币2张，5元纸币18张，1元硬币100枚，共400元。

② 每组准备单程票100张，储值票50张。

③ 每组组长与教师共同准备票务设备钥匙、配票盒、点钞机、硬币清分机、计算器。

④ 每组组长与教师共同准备不同面值的练功纸币作为车站备用金，包括100元纸币10张，50元纸币20张，20元纸币50张，10元纸币100张，5元纸币140张，1元纸币300张，共5000元。

（2）实训过程：

10人一组，抽签分配岗位，完成以下情境，并根据情境要求完成相关票务报表台账填写。

① 早上4:00，晚班客值和站务员进行TVM补币补票。

a. 分别在TVM1和TVM2上录入补币数量20元，同时分别补入硬币20元，填写《TVM补币记录表》，并及时将补币数量填写在《值班员交接班本》和《车站营收日报》；

b. 分别在TVM1和TVM2上补票20张，填写《TVM/云购票机补票回收记录表》，及时将补票数量内容填写在《值班员交接班本》；

c. 在票务系统"TVM补币补票"模块中录入补币金额和补票数量。

需要注意的是，到达需要补币、补票的TVM前，需设置暂停服务牌。

② 早上 5:30，晚班客值给晚班售票员配票款。

a. 售票员在客值处领取当班所需的客服中心钥匙在《票务钥匙使用记录本》上进行登记；

b. 为售票员配 70 元面值为 5 元的纸币，30 元面值为 1 元的硬币，总计 100 元；

c. 为售票员配 10 张储值票和 10 张单程票；

d. 售票员与客运值班员双方当面清点所配车票及找零备用金，售票员清点确认后双方在手工《售票员结算单》上签章确认；

e. 在票务系统录入相关配发票、备用金等信息，打印《售票员配票款清单》，售票员签名确认。

③ 早上 6:00，晚班售票员开窗售票

a. 处理一乘客兑零，将 20 元面值的纸币兑零；

b. 处理一乘客超时，补收出闸站线网单程最高票价进行票卡更新；

c. 处理一乘客因无进站码无法出站，免费进行票卡更新。

需要注意的是，出闸站线网最高单程票价指出闸站与地铁线网中可到达出闸站最近出发站之间的单程票价。

④ 早上 7:30，晚班客值给早班售票员配票。

a. 售票员在客值处领取当班所需的客服中心钥匙在《票务钥匙使用记录本》上进行登记；

b. 为售票员配 50 元面值为 50 元的纸币，60 元面值为 20 元的纸币，40 元面值为 10 元的纸币，30 元面值为 5 元的纸币，30 元面值为 1 元的硬币，总计 200 元；

c. 为售票员配 10 张储值票，10 张单程票，2 元、3 元预制票各 5 张；

d. 售票员与客运值班员双方当面清点所配车票以及找零备用金，售票员清点确认后双方在手工《售票员结算单》上签章确认；

e. 在票务系统录入相关配发票、备用金等信息，打印《售票员配票款清单》，售票员签名确认。

⑤ 早上 7:48，早晚班售票员交接班。

a. 在晚班客值的监督下，晚班售票员收拾整理自己的票务备品；

b. 检查无误后，晚班售票员退签 BOM 系统；

c. 早晚班售票员完成票务备品交接。

⑥ 早上 7:52，早班售票员开窗售票。

a. 处理一乘客超程，补收 3 元进行票卡更新；

b. 发售 2 元预制票 3 张，3 元预制票 7 张；

c. 处理一乘客无票，发售全程最高票价付费出站票。

需要注意的是，全程最高票价指全线网最高的单程票票价。

⑦ 早上 7:55，晚班客值给晚班售票员结账。

a. 清点票款，客运值班员与售票员共同确认票款金额，填写《售票员结算单》；

b. 检查无误后,客运值班员登录票务系统,输入售票员备用金金额和实收金额等数据，打印《售票员下班上交票款清单》，售票员签名确认；

　　c. 晚班售票员需交还客服中心处钥匙并登记《票务钥匙使用记录本》。

　⑧ 早上 8:15，早班客值与晚班客值共同交接车站所有备用金、车票、票务钥匙。

　　a. 清点票务保险柜内的备用金、票款、车票，并与票务系统、《值班员交接班本》的数据核对；

　　b. 清点票务钥匙，并与《票务钥匙使用记录本》进行核对；

　　c. 清点票务备品，并与《值班员交接班本》的数据核对；

　　d. 检查票务台账、报表；

　　e. 对上一班已完成、未完成的工作、AFC 设备运行情况等票务工作进行交接。

　　f. 各项检查完成后双方在《值班员交接班本》上签字盖章确认。

　⑨ 晚上 7:30，早班客值给晚班售票员配票。

　　a. 售票员在客值处领取当班所需的客服中心钥匙，在《票务钥匙使用记录本》上进行登记；

　　b. 为售票员配 70 元面值为 5 元的纸币，30 元面值为 1 元的硬币，总计 100 元；

　　c. 为售票员配 10 张单程票；

　　d. 售票员与客运值班员双方当面清点所配车票以及找零备用金，清点确认后双方在手工《售票员结算单》上签章确认；

　　e. 在票务系统录入相关配发票、备用金等信息，打印《售票员配票款清单》，售票员签名确认。

　⑩ 晚上 7:48，晚早班售票员交接班。

　　a. 在早班客值的监督下，早班售票员收拾整理自己的票务备品；

　　b. 检查无误后，早班售票员退签 BOM 系统；

　　c. 晚早班售票员完成票务备品交接。

　⑪ 晚上 7:52，晚班售票员开窗售票。

　　a. 处理一乘客因进站后无法搭乘当日运营服务的尾班列车，办理退票；

　　b. 处理一乘客超程，补收 1 元进行票卡更新。

　⑫ 晚上 7:55，早班客值给早班售票员结账。

　　a. 清点票款，客运值班员与售票员共同确认票款金额，填写《售票员结算单》；

　　b. 检查无误后，客运值班员登录票务系统输入售票员备用金金额和实收金额等数据，打印《售票员下班上交票款清单》，售票员签名确认；

　　c. 早班售票员需交还客服中心处钥匙并登记《票务钥匙使用记录本》。

　⑬ 晚上 8:15，早班客值与晚班客值共同交接车站所有备用金、车票、票务钥匙。

　　a. 清点票务保险柜内的备用金、票款、车票，并与票务系统、《值班员交接班本》的数据核对；

　　b. 清点票务钥匙，并与《票务钥匙交接本》《票务钥匙使用记录本》进行核对；

　　c. 清点票务备品，并与《值班员交接班本》的数据核对；

　　d. 检查票务台账、报表；

e. 对上一班已完成、未完成的工作、AFC 设备运行情况等票务工作进行交接。

f. 各项检查完成后双方在《值班员交接班本》上签字盖章确认。

⑭ 晚上 11:00，晚班客值给晚班售票员结账。

a. 清点票款，客运值班员与售票员共同确认票款金额，填写《售票员结算单》；

b. 检查无误后，客运值班员登录票务系统输入售票员备用金金额和实收金额等数据，打印《售票员下班上交票款清单》，售票员签名确认；

c. 晚班售票员需交还客服中心处钥匙并登记《票务钥匙使用记录本》。

⑮ 晚上 12:00，钱箱、票箱回收及盘点。

a. 运营结束后，晚班客值和站务员使用票务手推车回收 AFC 设备所有钱箱和票箱至票务管理室；

b. 晚班所有人员分批清点回收 TVM、闸机的单程票，填写《TVM/云购票机补票回收记录表》和《闸机车票回收记录表》；

c. 晚班所有人员清点 TVM 回收的现金，填写《TVM/CVM 纸币钱箱清点报告》和《TVM 硬币钱箱清点报告》。

⑯ 次日 2:00，晚班客值核算当日运营收入。

a. 根据相关票务表单及票务报表填写《车站营收日报》；

b. 在票务系统"库存查询"模块中查询车站"票款"一栏，与车站营收日报数据进行核对，保证账实相符。

3. 评分标准

序号	评分标准	分值	评分
1	团队分工合理，全员参与	10分	
2	补币补票操作流程正确	10分	
3	配票结账操作流程正确	10分	
4	售票员处理乘客事务操作流程正确	20分	
5	售票员交接班操作流程正确	10分	
6	客值交接班操作流程正确	10分	
7	票务报表台账填写正确	20分	
8	操作过程中表述清晰、流畅、准确	10分	
	总计	100分	

思考与练习

（一）单选题

1. 对车票、现金实施加封时规定（　　）。

A. 两人一起加封，其中一人必须为客运值班员

B. 两人一起加封，其中一人必须为站长

C. 由两名工作人员一起加封

D. 直接由值班站长进行加封

2. 报表填写发生错误时，应当如何处理？（　　　）

A. 刮擦　　　B. 划线更正法　　　C. 化学药水　　　D. 涂抹

3. 车站现金安全区域是指票务管理室、客服中心和（　　　）。

A. TVM 钱箱　　B. BOM 钱箱　　C. 保险柜　　D. 信封

4. 下列哪个岗位负责给售票员进行配票与结账？（　　　）

A. 值班站长　　B. 行车值班员　　C. 客运值班员　　D. 站务员

5. 下列哪个车站工作岗位负责保管票务管理室的车票、现金、报表、票据、票务备品、票务钥匙？（　　　）

A. 值班站长　　B. 行车值班员　　C. 客运值班员　　D. 站务员

6. 下列不属于车站现金来源的是（　　　）。

A. 自动售票机票款收入　　　　　B. 半自动售票机票款收入

C. 备用金　　　　　　　　　　　D. 车站广告收入

7. 对统一面额不足 100 张的纸币应采用（　　　）加封。

A. 信封　　　B. 布袋　　　C. 砂纸　　　D. 先砂纸后信封

（二）多选题

1. 识别人民币真伪通常采用什么方法？（　　　）

A. 看　　　B. 摸　　　C. 听　　　D. 测

2. 现金可用（　　　）加封，加封效果必须保证一经破封无法复原。

A. 布袋　　　B. 信封　　　C. 售票盒　　　D. 砂纸

3. 以下哪些地方属于车票存放的安全区域？（　　　）

A. 客服中心　　B. 车站票务室　　C. 自动售票机　　D. 车控室

（三）判断题

1. 车站的现金主要由票款和备用金两大部分组成。　　　　　　（　　　）

2. 初始化的车票还必须经过赋值处理才能够正常使用。　　　　（　　　）

3. 车控室、票务管理室的票务钥匙分别由行车值班员、客运值班员保管。

（　　　）

4. 信封加封纸币时，仅限于对同一面额不足 100 张的，需按面额大小归整后放入信封内进行加封。　　　　　　　　　　　　　　　　　　　　（　　　）

（四）简答题

1. 简述售票员售票作业的程序。
2. 列举车站票务备品的种类。
3. 城市轨道交通票款解行的方式有直接解行和集中站收款两种方式，试分别简述两者的优缺点。

参考文献

[1] 管莉军. 城市轨道交通票务管理[M]. 北京：人民交通出版社，2018.

[2] 贾文婷. 城市轨道交通票务管理[M]. 北京：北京交通大学出版社，2015.

[3] 唐春林. 城市轨道交通票务管理[M]. 成都：西南交通大学出版社，2016.

[4] 兰云飞. 城市轨道交通票务管理[M]. 北京：北京交通大学出版社，2015.

[5] 于涛. 城市轨道交通票务管理[M]. 北京：人民交通大学出版社，2012.

[6] 赵舜尧. 城市轨道交通票务管理[M]. 重庆：重庆大学出版社，2012.

[7] 李艳艳. 城市轨道交通票务管理[M]. 武汉：武汉大学出版社，2018.

[8] 王慧颖. 移动支付在轨道交通自动售检票系统的分析[J]. 通讯世界，2018（4）：258-259.

[9] 陈静莎. 基于人脸识别技术的轨道交通过闸方案研究[J]. 自动化应用，2019(5)：109-112.

[10] 周明保. 城市轨道交通票制分析及选择[J]. 城市轨道交通研究，2010，13（10）：30-34.

[11] 陈锋武. 基于互联网支付技术的地铁云购票机应用[A]. 中国智能交通协会. 第十一届中国智能交通年会大会论文集[C]. 中国智能交通协会：中国智能交通协会，2016：10.